PORTABLE COACH

ポータブル・コーチ

世界中のコーチの知恵がこの一冊に集結
マネジメント・仕事術TOP10

トマス・レナード［編］　（株）コーチ・トゥエンティワン［監訳］

Discover

この本の使い方

この本は、はじめから終わりまで順序よく読みすすめていき、ひととおり読み終わったら部屋の本棚に上品にしまっておく…、そんなことを目的とした本ではありません。

はじめて行った海外旅行先でガイドブックを離さないように、あるいは探検家がジャングルを探索するときに地形図を携帯するように、常にカバンのなかに本書をしのばせて、世のなかを歩いてください。

そして、行きづまったときや選択を迫られたとき、新しい局面に立ってどうすればいいか途方にくれたときなど、ことあるごとにとりだしては、自分に必要なことが書いてある項目のページを開いてください。ボロボロになるまで使っていただければ、本望です。

本書は、ビジネスのさまざまな場面で役に立つ鉄則やちょっとした工夫を、50のテーマ別にTOP10形式で紹介しています。取り上げられるテーマは、マネジメントや仕事術、コミュニケーションまで多岐にわたっています。

大事なのは、ここで紹介された知恵やコツを自分自身に取り入れて、実際にできることからどんどん試してみることです。

そうすれば、あなたのビジネススキルは驚くほど向上し、かかわるプロジェクトは、成功にむかってまっすぐ進んでいくでしょう。

この本は、あなたの能力を引きだし、応援する「コーチ」です。

本書のなりたち

本書の編者であるトマス・レナードは、コーチングの「第一人者」として名高い、アメリカの実業家です。1980年代よりパーソナル・コーチングを実践、92年にはコーチ・ユニバーシティを創設し、多くのコーチを育成しています。

世界各地のコーチや経営者、さまざまな職業人とのつながりや人脈を持っているレナードは、そのネットワークを活かして、メンバーが持っている情報や実地に即したノウハウを何か形にできないだろうか、と考えました。それが本書のはじまりです。

ここに紹介するTOP10は、以下のようにして生まれました。

①編者（レナード）がインターネットを使って、さきのネットワークに、さまざまなテーマでの情報提供の呼びかけを行う

②メンバーからそのつど、何千、何百という情報が集められる

③集まった多くの情報をもとに、レナードが内容を吟味、厳選し、TOP10形式にまとめあげる

こうして生まれた本書は、いわば世界中の英知の結晶です。

そして、このTOP10プロジェクトは現在も進行中です。役立つ知恵のつまったTOP10が、毎日のように生まれています。あなたのノウハウが本書に載るのも、そう遠い先のことではないかもしれません。

なお本書は、膨大なTOP10リストから、ビジネス分野を中心に、50を精選し、日本むけに翻訳したものです。

この本が読者の皆さんのお役に立つことを願ってやみません。

編集部

CONTENTS

Tips for 仕事力を高める Business

Tips for 部下の力を引きだす Support

Tips for 組織をのばす Management

Tips for
人とかかわる
Communication

Tips for 自分をみがく Success

Tips for
明日をつくる
Tomorrow

ブックデザイン………守先　正
イラストレーション…原子高志

Tips for
仕事力を高める
Business

01

顧客をつかんで放さない営業の鉄則

TOP 10

統計学と心理学―このふたつのキーワードをもとに、クライアントを見つけましょう。こうした視点から、あなたに適したクライアントを見分け、独自の強力なサポートで彼らのニーズに応えることができれば、あなたの市場は驚くほど広がっていくでしょう。

1 統計学的にクライアントを見つける

医者、独身女性、喫煙家など、社会的な分類にもとづき、それぞれに属する人々に共通する特徴から、自分または自社がサポートできるニーズを考えましょう。

2 心理学的にクライアントを見つける

楽観的、心配性など、個人の特徴で分類します。個人によって問題は異なりますが、似た特徴を持つ人には、自分または自社がサポートできる共通点があるでしょう。

3 クライアントに関心を持つ

人は誰でも自分に関心を持ち、注意を払ってくれるプロを求めています。親身に注意深く接することで、クライアント候補の信用を獲得することができ、また既存のクライアントも少しの失敗を気にせず、取引を継続してくれるでしょう。

4 ためらいを克服する

クライアント獲得には、自信と目的を持つことです。おぼれている子供を助けるとき、冷たい水に飛びこむのに躊躇しないように、自分を必要としている人の役に立つ、大きく深い目的を見つけましょう。

5 新しい市場へのアンテナを張っておく

既存の顧客やクライアントと話すときは、常に彼らが他に何を欲し求めているのか、他に問題はあるのかを注意深く聞きます。それがあなたのビジネスの解決になるのです。

6 営業を楽しむ

忙しげにふるまうことで自分をアピールしなくても、忙しいなかに楽しんで仕事をしている姿が見えれば、クライアント候補は驚くほどあなたに惹きつけられるものです。

7 オリジナルのフレーズを持つ

自分のオリジナルのフレーズをつくりましょう。おしつけがましくならずに、「こんな成果がほしいと思うことはありませんか？」という感じで。次に、クライアントにとって非常に魅力的な結果が得られることを、短い言葉で示します。

8 気持ち良く話す

商談や交渉をするとき、無理をしている自分に気づいたら、自分らしさを一番に、より誠実に、心から話すことを試してみては？　そうすれば、きっと気持ちが楽になるでしょう。

9 売り込みが困難なとき

売り込みや押しが難しいと感じたときは、見栄や虚勢をはらず、とにかく真実を伝えることに重点をおきましょう。それがダメなら、無理強いをせずタイミングを見はからいます。それでもダメなら、自分にできるサービスは何かを見なおし、相手にとって意味のあるサービスを考えましょう。

10 より効果的で楽な交渉を

何がクライアントを動かすのかを発見し、メモしておきましょう。そして、それを活用します。 より楽な、疲れない交渉をこころがけ、エネルギーの高いところにむかいましょう！

02

時間を上手にやりくりするテクニック TOP 10

時間に追われ、やることを終わらせることができないとき、私たちはもっと時間があればと思いがちです。しかし、やることが山ほどあるときでも、仕事の時間、生活や遊びの時間をコントロールすることで、問題を意外なほど減らしていくことができます。

1 時間を見つけることの大変さを知る

容易なことと軽視せず、じっくりむきあうことが大切です。忙しいときほど、他の何かをあきらめたり、置き換えのできる時間を見つける必要があります。

2 置き換えのできる短い時間を探す

例えば、電車や車での移動時間を、資料整理や電話かけの時間にあててみましょう。

3 同時にできることを探す

例えば、社内でランチミーティングをしたり、取引先とお茶を飲みながら情報交換をするのもいいでしょう。

4 ほかに置き換えができることのリストをつくる

例えば、テレビを観る、必要でない買い物、旅行、など。

5 仕事と同時にできることのリストをつくる

例えば、昼食、夕食、移動、など。

6 やることを整理する

どうしても時間の使い方に苦労するようなら、自分のなかの価値基準、目的、優先順位について、もう一度考えなおしてみましょう。自分にとってその仕事がどのくらい重要なのか、あらためて考えます。上司や友人に相談するのもいいでしょう。

7 複数の作業を同時進行するときは、それぞれを混同させない

時間をスペースとして考えるのが効果的です。ひとつの作業が次のものに流れていかないように、それぞれに仕切りをつけましょう。

8 やる気になったとき、準備ができたときに一気に進める

作業にかかるときはその作業だけに集中して、一気に進めます。

9 静かで創造的な時間を持つ

見おとしがちですが、これをスケジュールに必ず組みこみましょう。静かで創造的な時間は、豊かに暮らすための生産活動の一部です。この時間があることで、よりよい行動を選択したり、物事がうまくいくようになるのです。

10 自分自身のためにスケジュールを立てる

自分の時間が、他人によって支配されていませんか。 自分を最優先にしてスケジュールを組めば、優先順位もはっきりし、時間調整も自らすすんでやるようになるでしょう。

03

時間ドロボウ、その真犯人は？

TOP 10

時間は貴重な資源です。1日24時間しかない時間を有効に使うには、無駄な要因を排除することです。時間の使い方に影響するのは、生活態度や習性です。自分にとって機能していないことを、もっと効果的なものに切りかえていくことで、時間を管理できるのです。

1 話しかけてくる同僚や友人、家族

集中しているときに邪魔をしてくる、悪気のない同僚や部下、家族に対しては、中断されてもよいときとそうでないときをはっきり伝えましょう。

2 計画不足

計画は、何かをなしとげようとするときの決定的要因です。あらかじめ計画を立てると、ゴールにむかって進む前に、その方向が見えてきます。

3 完璧主義

完璧主義は生まれながらの習性とはいえ、意識するしないに関わらず自分で意図しているものでもあります。目指すものを「完璧」ではなく「進歩」にするよう意識を変えてみましょう。多くの時間とエネルギーの束縛から逃れられます。

4 ぐずぐず延ばし

完璧主義と同様、ぐずぐず延ばしは習性であるとともに生活態度でもあります。ギリギリまでやらないと、それによって余計な危機や問題を招きます。すべきことをしていなかったり、物事を延期していると、どんなにぐずぐずしているのかについて思い悩み、さらに時間を浪費するのです。さっさとやりなさい！

5 自分ですべてをやろうとすること

世界中のものを一人で背負っていても、自分自身やまわりの人の役には立たないでしょう。自分でなくてもできる仕事は、「やりません」と他の人に委ねることを学びましょう。

6 たくさん持ちすぎること

食べきれないほどにほおばることは持ちすぎの最たる例です。すべてのプロジェクトや組織にかかわる必要はないのです。

7 突然の事態にあわててしまうこと

予測不能な緊急事態が起きても、本当に緊急の用事かどうか、そしてすぐに対処しないとどうなるかを検討することで、余計な動きをせずにすみます。

8 社交的すぎること

私たちは皆、友人を持ちたいと思っていますし、友情を交わすのは楽しいことです。しかし、ここに立ち入りすぎると、「仕事」時間の大部分を人づきあいに奪われてしまいます。

9 自分自身の時間の価値を大事にしていないこと

自分の時間は貴重だというメッセージを、自分から発しないかぎり、他人はあなたの時間に価値を見いださないでしょう。

10 技術不足

組織化すること・優先順位をつけること・決定を下すこと・問題を解決することは、すべて時間を有効利用するのに欠かせない手段です。これらの技術をみがきましょう。

04

仕事が楽しくなる！ワーキング・スタイル

TOP 10

ここで紹介するのは、努力や根性といったものではなく、自然に仕事がはかどる環境をつくりだすための方法です。実際に試してみてください。仕事の効率がアップすることはもちろん、仕事に対するプレッシャーもずいぶん少なくなることがわかるはずです。

1 締切期限を決める

いやはや。人というものは、期限がないと何もやらないものです。

2 気持ちを仕事にむけさせてくれる人をつくる

例えば仲間、上司、スタッフ、あるいはコーチなどです。在宅勤務をしている場合でも、集中力と生産性を維持するために人の力を頼りにしましょう。

3 今の仕事が好きでないなら、好きな仕事に変える

そうすれば、集中しようと四苦八苦しなくても、自然と夢中になれるのです。

4 予定や日課を決める／決めない

スケジュール立てすることでうまくいく人と、そうではない人がいます。自分のスタイルと好みを知りましょう。季節によってもその好みは変わるかもしれません。

5 周囲に仕事時間の重要性を理解してもらう

悪意がなくても何かと話しかけてくる同僚がいたり、電話がかかってきたり…。周囲に自分の状態をわかってもらうか、それが難しい場合は、作業部屋にこもってしまいましょう。

6 オフィスや机のまわりを完璧にする

仕事環境が素敵だと、自然に集中できます。

7 飲み物や軽食を手元に置いておく

席を立って買い物や冷蔵庫へ行くと、他のことに気をとられてしまうかもしれません。

8 その日の目標ラインを定める

自分のスタイルに合うならば、作業スケジュールも決めましょう。

9 一日をご機嫌に始める

散歩でも、新聞を読むことでも、一杯のコーヒーや紅茶でも、大好きなことから毎日を始めるようにしましょう。

10 何かおもしろい仕事を次の日に用意する

日が暮れる前に、とりかかるのが待ち遠しいような仕事を、次の日のために用意します。それがあると、仕事が楽しみになります。もし、ワクワクするような仕事がないのなら、何かを見つけて、そのかわりにしてしまいましょう。

05

多忙なあなたの仕事中毒度チェック

TOP 10

仕事に精力を傾け、自己実現を追い求めることは悪いことではありません。でも、仕事と自分が一体化してしまい、仕事から離れても仕事のことばかり考えて不安になるようでは、健康によくありません。思いあたる兆候はありませんか？

1 仕事をしていないと不安

仕事の手を休めると罪悪感をおぼえ、数時間でも職場を離れると「音信不通」になっていないか心配になる…。そんなことがよくありませんか？

2 ぎりぎりになるまでやらない

やる気を起こすために、物事を先送りし、ぎりぎりになるまで手をつけないことが多くありませんか？

3 「ながら」食事が増えている

外出のついでに急いで食事をしたり、仕事や運転をしながら食べることがよくあるのでは？

4 プライベートを犠牲にしている

仕事を終わらせるためや会議に参加するために、家族や友人と過ごす時間を削っていませんか？

5 プレッシャー中毒になる

自分は「プレッシャーのなかでこそ、最高の力を発揮する」と思っていませんか？

6 ゆとりの時間がない

日常のなかで、瞑想、くつろぎ、あるいは気ばらしのための時間がないのでは？　そして、時間の余裕がないことを「人のせい」にしていませんか？

7 問題を解決することにアイデンティティを感じる

自分の存在する意味や目的があると感じられるのは、問題を解決したときではありませんか？

8 やりたいことを先送りしている

いつか、自分が本当にやりたいことができるという希望ばかりを追い続けてはいませんか？

9 順番を待てない

列に並ぶことや待つことが大嫌いなのでは？

10 遅刻しがちだ

スケジュールがいっぱいで、予定のミーティングやイベントによく遅れてはいませんか？

06

ストレスの山を低くする方法

TOP 10

コンビニエンスストアやファストフードなど、世のなかは便利になっています。それなのに私たちは、以前よりも短気になり、ささいなことでストレスがたまりがち。このようなせかせかした気分を落ちつかせ、リラックスするための方法があるのです。

1 ペースを落とす

早口でまくしたてたり、猛スピードで運転しているときには、少しペースを下げましょう。そうすれば、体内のアドレナリンが減少するかもしれません。

2 早朝の予約を入れる

訪問先に朝一番の予約を入れておけば、待たされずにすむか、待ち時間を短縮できます。

3 電話を短くする

相手のせいで長電話になっているのなら、忙しいことを最初に伝えましょう。「あと五分で会議があって」「締切りに追われているので、五分だけ」など。

4 面白おかしいビデオを借りる

小難しい芸術作品は×。ひたすら単純に笑えるものが一番です。自分の好きなビデオを棚に常備しておくのもいいでしょう。

5 ゲームをする

ただし、だらだらやってはダメ。時間を区切って、めいっぱい楽しみましょう。

6 読書する

移動中や食事中にまで仕事をするのはやめます。そういう時間には楽しい小説でも見つけて読みましょう。

7 いつもより30分早く起きて、自由な時間を楽しむ

たった30分早起きするだけで、その日一日が充実します。

8 プロジェクトを仕上げる時間や移動時間には余裕を持たせる

必要と思われる倍の時間をとっておくのがいいでしょう。

9 マッサージを受ける！（頻繁に）

運動不足で、肩や腰が固くなっていませんか？ リフレッシュしましょう！

10 他の人に運転してもらう

車の運転をやめ、相乗りしたり公共の乗り物を利用したりしましょう。そうすれば本も読めるし、うたた寝だってできます。

07

仕事に追いつめられたときにすること

TOP 10

期限は迫っているが、仕事の山はいっこうに片づかない…。そんなときにかぎって何から手をつけてよいかわからず、時間ばかりすぎていってしまいます。煮つまった頭をクリアにし、できる仕事を確実に片づけるための方法です。

1 やらなければならないことをリストアップする

書きだすだけで、ずいぶん楽になります。

2 リストに優先順位をつける

絶対やることと、次に大事なことのリストをつくります。

3 他人の助けを借りる

他の人ができる仕事は他の人に頼みます。

4 やらない仕事をはっきりさせる

即座にゴールに結びつかない仕事は後回しにします。

5 自分の得意な仕事を先にやる

成功はエネルギー源になります。嫌いな仕事や不得意な仕事をかわりにやってくれる人を探しましょう。

6 仕事をスケジュール帳に記入する

急がずにすむように十分な時間をとります。時間内に仕事を完了できることを確認しましょう。

7 仕事と仕事の合間に深呼吸をする

呼吸をするのを忘れていませんか？

8 リラックスや創造的なことができる自由な時間をスケジュールする

五分でもかまいません。完全に仕事を離れ、リラックスできる時間をつくりましょう。

9 定期的に運動する

身体を動かすことで、頭をクリアにし、いつも新鮮な気持ちでいられるようにしましょう。

10「今」に集中する

自分が今感じているプレッシャーは、今している仕事に起因しているのではなく、別の仕事のことを考えているせいかもしれません。それによって無力感にさいなまれているのです。まずは、目の前の仕事に集中すること！

08

自滅につながる“最悪”行動パターン

TOP 10

引退するときになって、自分のキャリアが月並みで、誇れることはほとんどなく、その責任は自分にあると気づく…。ビジネスのプロとして、これほど悲しいことはありません。この悲劇を避けたければ、自分自身の邪魔をする自滅的行動を克服しましょう。

1 先延ばしにする

2 最後までやりとげない

3 準備不足

4 よくない人たちと関わる

5 常に自分が正しくないと気がすまない

6 物事を個人的に受けとめすぎる

7 非現実的な期待を持つ

8 あきらめるのが早すぎる

9 同じ失敗を繰り返す

10 安全策をとりすぎる

09

困ったときはこうする 問題解決のセオリー

TOP 10

刻一刻と状況が変化する現代社会では、経営者やマネージャーだけでなく、すべてのビジネスマンに問題解決の能力が求められます。いざ問題に直面したときにあわてないために、いくつかの基本的な対応法を頭に入れておくといいでしょう。

1 しばらく放っておき、自然解決を待ってみる

2 「危機である」ことを明らかにし、適切な手段をとる

3 専門家の手に委ねる

4 まず、原因をつきとめる

5 お金で解決する

6 「問題」ではなく「チャンス」と認識し、対処する

7 いつもと逆のことをしてみる

8 一度に解決しようとせず、五段階にわけて取り組む

9 この種の問題が二度と起きないようにする

10 自分を変える、あるいは視野を広げることにより、そのことが問題でなくなるようにする

10

やる気がでないときの「ゲンキの源」

TOP 10

疲れ、寝不足、体調不良…。やるべき仕事を目の前にしても、やる気がどうにもわいてこないことが、ままあります。そんなときにやる気を復活させる、自分によく効くとっておきの方法をいくつか持っていると便利です。以下の十項目をヒントにしてください。

1 ミニ休暇をとる

やる気が起きないときは、たとえわずかな時間でも、自分自身のために時間をとり、ちょっとだけ自分を甘やかしてみましょう。

2 夜、一時間早く就寝する（昼寝でも可）

多くの人は睡眠時間を奪われています。能力とやる気を発揮するには、たっぷりの休養が欠かせません。

3 原因を見つけ、それをとり除く

そもそも、やる気がでない原因は何ですか？　気がかりなことがあるのなら、それを先に片づけてしまうことです。

4 運動する

運動はエネルギーを与え、頭のなかをすっきりさせます。問題を抱えているときは、手はじめに十分間のウォーキングをしてみましょう。

5 必要でない目標は手ばなす

それが本当にほしいものでないのなら、手ばなしましょう。ほしいときにはいつでも、もう一度取り戻すことができます。

6 何でも遊びにしてしまう

カレンダーにシールを貼るなどして、楽しんでしまうのも実に効果的です。

7 自分一人ではできないことを手伝ってくれる人を雇う

やる気にさせる運動トレーナー、楽しみながらのゴール達成を手伝うコーチなど。

8 やる気がでる音楽を聴く

楽しめる曲を思い描いてください。

9 上司や家族、コーチ、親友に激励してもらう

彼らが味方であることを確信しましょう。

10 無理に行動しない

無理は感情の浪費です。気が進まないまま行動したところで、ほとんど成果は得られません。

11

できる人のゴール達成術 TOP 10

目標の設定は大きな励みになりますが、そのレベルが高すぎたり、複雑すぎたり、あまりに非現実的だったりすると逆効果です。必要に応じて目標を修正しながら、より良い状態でゴールを目指すために役立つアイディアを紹介します。

1 達成可能な目標を設定する

大きな目標でもいいのです。ただし現実的な目標であること。的外れな目標を設定しないようにしましょう。

2 言い訳をしない

うまくいかなかったとしても、他の角度や方向性からチャレンジしてみましょう。

3 しっかりとした計画や戦略を立てる

当たり前のことですが、これができているか、常にチェックすることが必要です。

4 犠牲を払う覚悟をする

望んでいるものを手にするためには、ときに何か別なものを手ばなさなくてはなりません。そのことを肝に銘じておきましょう。

5 常にゴールを目指して行動を起こす

状況が困難だからといって、脱線や停滞することがないようにしましょう。

6 どんな場合でも、他人のせいにしない

他人を非難しても、そこからは何も生まれません。それは自分の行動の焦点をゴールから離してしまい、エネルギーを消耗する大きな要因になります。

7 ゴールを見失ったら、計画しなおす

ただし、あまり時間をかけすぎてはいけません。でないと、目標達成のための大切な一瞬のチャンスを逃してしまうかもしれません。

8 設定したゴールについて検討する

設定したゴールは、自分のビジョンや本当に望むものと矛盾していませんか？

9 信頼し尊敬している人に協力を求める

自分をサポートする気持ちを持っている人が、どれだけたくさんいるかということに、きっと驚かされるでしょう！

10 前むきな「自分への語りかけ」をする

あなたには自分の望んでいること、達成したいと思っていることを実現する能力が備わっています。自分自身を信じ続けてください。自分の思いと心を、たえずそのプロジェクトにむけ続けましょう。

"Faint heart never won fair lady"
「弱気な者が美しい女性を射止めたためしはない」諺

12

確実に結果をだす人のアクションチェック

TOP 10

行動しなければ、結果は生まれません。計画やシュミレーションも大事ですが、そろそろ行動という船をだしましょう！ ただし、やみくもに動くのではなく、次のポイントをチェックしながら、確実な結果を得るための行動をとることが大切です。

1 目標を持つ

行動を起こす前に、期待する成果をできるだけ具体的に書きだします。

2 行動しながら学ぶ

行動を起こしている間も学ぶ。自分がやっていること、そのやり方などについて、それをやっている間も改善し、調整します。

3 必要と思われる倍の行動をする

結果をだすために必要と思う行動を、その倍起こすことが重要です。

4 行動しながら成果をチェックする

起こしている行動によって、ほしい結果が本当に得られるのでしょうか？

5 行動をチェックする

ただ「行動を起こしている」だけでは不十分です。大切なのは、「完璧な行動を起こしている」かどうか。それができているでしょうか？

6 行動と結果の結びつきを明らかにする

起こしているすべての行動が、客観的に目に見える結果を生んでいるでしょうか？

7 よりよい選択をし続ける

よりよいことを思いついたら目標を変えたり、以前のやり方を捨てる柔軟性を持つようにします。

8 行動の影響をチェックする

自分が起こしている行動は、他の人に良い影響を及ぼし、人生に有益な付加価値を与えているでしょうか？

9 行動が可能かどうかをチェックする

行動を起こすために必要なリソースがあるでしょうか？

10 行動するのは自分と認識する

この行動を起こす適切な人物は、他の誰でもない「自分自身」であることを確認しておきましょう。

Tips for
部下の力を引きだす
Support

13

強いチームをつくるマネージャーの条件

TOP 10

マネージャーとして強いチームをつくりあげ、業績をアップさせていくためには、個々のメンバーの能力を高めると同時に、モティベーションの上がる職場環境づくりが必要です。結果をだし、信頼されるマネージャーになりましょう。

1 部下の能力を認める

部下が優れた働きをしたときは、必ずそれを認め、ほめます。承認する機会を逃してはいけません。

2 チームの誰ひとりとして、決してけなさない

誰かが悩みの種であったり、チームがミスを犯した場合でも、(他人の目があるときは特に) 冷静さを保ちます。もし誰かをけなせば、その相手はあなたに対する不平を抱き、仕事でも手を抜くようになるでしょう。

3 「失敗は許される」という文化をチーム内に創りだす

部下が、失敗を「いけないもの」というよりむしろ「新しいステップへの過程」と思うことができたら、彼らはリスクに対してもっと積極的にむかうようになるでしょう。

4 細かな個人情報を記憶する

部下 (何を考え、何を大切にしているかなど) を知る時間をとります。単なる社員ではなく、一個人として接しましょう。

5 地位ではなく自分自身でいる

部下と接するときは、人間らしく、友好的にふるまいます。それが、いざ困難に遭遇したときに、お互いを助けたり力づけることができる唯一の道です。

6 近づきやすい人でいる

些細な問題や仕事に関連しないことでもあなたには話せる、あなたは部下を尊重しており、話したことで不利になったりしない。部下がそう感じられるような上司になりましょう。

7 自分のミスを認める

もしも失敗したら、そう言います。マネージャーが完全無欠である必要はありません！ 自分のミスを認め、解決策を見つけられる人であれば、部下はもっともっと、あなたを尊敬するでしょう。

8 部下が話しやすいように、配慮して聞く

上司と話すことには、たいてい恐れや遠慮を感じるものです。部下の意見は重要かつ貴重なものだから、マネージャーである自分が時間を割くのは当然であり、むしろ聞きたいのだ、ということを彼らに確実に伝えましょう。

9 わかりやすい要求をする

部下への要求を確実に理解させるのは、マネージャーの責任です。明確に伝わったか、自分の要求が理解されたか、彼らに尋ねます。

10 いつでも誰にでも敬意を払い、思いやりをもって接する

トラブルが発生したときは特に、これが大事になります。あなたの下で働いている人は皆、重要な人間として、尊重されたいと思っています。マネージャーがどれくらい優秀なのかは、まさにチームに属する人をどれだけ大切にできるかで決まるのです。

14

こういうリーダーに人はついていく

TOP 10

リーダーとは生まれもった資質で、後天的につくられるものではない、という人がいます。では、なぜ人はリーダーについていくか？ リーダーの何がそうさせるのか？　それは学べるものなのか？　人がリーダーについていくのは、以下の特質を持っているからです。

1 率直である

リーダーは自分の考えを言い、また意見を伝えます。そうすることで、周囲の者は常にリーダーのスタンス（立場、主義）を理解します。

2 自分の強み、弱みを認識している

リーダーは強みを活かします。また弱みについても、見ないふりをするのではなく、むしろ改善しようとします。

3 自己表現に富んでいる

リーダーは考えをはっきり述べます。そしてその表現は正確で、自分の言いたいポイントをおさえています。決して曖昧ではありません。

4 自分が取り組んでいることに情熱を持っている

リーダーは目標に対して強固な意志を持ち、状況や立場、境遇に関係なく、自分の信条にしたがって前に進みます。

5 ビジョンを持っている

チームの目標が見えにくくなっているときには、リーダーの示すビジョンが何にもかえがたい指標になります。

6 好奇心と勇気を持っている

リーダーは間違うことを恐れず、何度も何度も挑戦し、その結果として正しくあるのです。

7 部下の信頼をつくりだす

リーダーは相手に反応するよりも、調和し、先を見越して行動します。

8 聞き上手である

リーダーは瞬間を捉えます。ボディランゲージや無言のメッセージ、ちょっとした間合い、ためらいを直感的につかみ、行間の読み方を知っています。

9 部下に応じて適切な言葉を使う

すばらしいリーダーは、まね方を知っています。部下の言葉を注意深く聞き、パターンや表現方法が理解できたら、返す言葉にそれを反映させます。彼らを目標に導くための信頼を築くためです。

10 先見性を持っている

リーダーは状況の変化に反応するよりも、むしろそれらと調和し、先を見越して行動します。

15

部下との関係をこっそり見なおす法

TOP 10

自分の部下の持っている能力、素質や知識などをのばすことのほうが、単に何かを教えるよりもずっと賢いやり方です。教えるのではなく、内面から引きだすことが大切です。

1 自分の部下に関心を持つ

彼らが何より求めているのは、承認されたり、理解してもらうことです。自分が理解されていると感じたとき、彼らは自ら答えをだすことができます。

2 プロジェクトの価値を理解する

上司がプロジェクトの価値をしっかり理解していて、それを部下に伝えれば、彼らもそれに同意するでしょう。逆に上司がその価値を疑っていれば、それは相手に伝わります。

3 深いレベルでの関係を持つ

友人のように接するのではなく、深いレベルでの正直さや、オープンな姿勢、リクエストしあう関係を持ちましょう。

4 部下と自分の間に線を引く

部下に多くのアドバイスを与えることと、彼らからの要望を何でも受け入れることは、似て非なるものです。要望を全面的にサポートすることは可能であっても、それが間違った方向になってはいけません。早い段階での方針を打ちだし、できることとできないことの線引きをを明らかにします。

5 説明する

彼らとの間に問題を感じたときは、話をする場を持ちます。

そこでのポイントは、①彼らに理解してほしい自分の基本方針を説明する、②自分が彼らに要求することとその目的を説明する、③彼らにこの問題をどう考えるかを聞く、です。

6 NOを言える関係を持つ

自己主張してはいけないと信じてきた人は、自分をアピールしたり、NOと言うことが難しいものです。自分の部下に、NOと言うのは悪いことではないことを認識させましょう。

7 満足していることを聞く

部下との会話は、あまりにも失敗や問題に集中しがちです。前回のプロジェクトで好きだったことは？などと部下に尋ねると、彼らは自分の仕事を通してどのように満足を得るか、ということを意識するようになります。

8 挑戦させる

自分の部下が、仕事や人間関係に疲れたり、前進しないでいるときは、ときには彼らに対して挑戦したり、彼らが自分に対して挑戦できるようサポートします。

9 自分の過去と重ねない

自分の部下の置かれている状況と自分が過去に体験したものを混同しないようにしましょう。なぜなら、類似点ばかりとらえ、相違点を見おとしがちになるからです。主観的でなく、客観的な部下指導を心がけましょう。

10 自分を指導する

部下を指導する前に、自分が自分のよき指導者になりましょう。上司としての説得力や魅力が増すことでしょう。

16

部下を育てる究極のサポート術

TOP 10

部下に一方的に仕事を与えて、部下を動かした気になっていませんか？　すぐれたマネージャーのいる職場では、上司があれこれ命令しなくても、部下のほうが自分から動いて仕事を見つけ、こなしていきます。この違いはどこから生まれるのでしょうか。

1 評価せず、思いやりを持って聞く

彼らの話し方や話す内容を決めつけずに聞きます。言葉にはならない部分も聞き、話したくないことや沈黙の裏にあるものを、彼らとともに見つけだします。

2 自分の部下のすばらしさを信じる

彼らをあるがままに受け入れ、ともにすばらしいことができると信じます。サポートの哲学は、それぞれがありたいと思う姿、そして、それ以上の姿であるということです。彼らは、自分をみがきあげる仕事や刺激を求めており、上司によるサポートは変化をもたらすきっかけとなります。

3 仕事をやり遂げるためのサポートをする

集中し続けることは難しいものです。たとえ上昇しているときでも、彼ら自身は下降していると感じるかもしれません。もっとも重要なのは、決めた仕事を完遂する責任を、彼らが持ち続けるようにすることです。

4 エネルギーの消耗元を指摘する

彼らは疲れていたり、抑圧されていませんか？　話していくなかで、彼らのエネルギーを枯らす原因を洗いだしましょう。エネルギーの消耗元を管理することで、彼らは空間や時間、エネルギーが広がるのを感じるでしょう。こうした余裕は、彼らに自分のための新しい習慣をもたらすかもしれません。

5 自分自身を大切にすることを奨励する

自分自身に関心を持つということは、心身に健康をもたらすのに必要なステップです。あなたの部下は今、さらなる休息や、より豊富な栄養を必要としていますか？ それは静寂の時間、散歩、それともスポーツですか？ それを見極めるサポートをしましょう。

6 仕事へのコミットメントを高める手伝いをする

仕事に大きな変化をもたらすには、コミットメントを高めなければなりません。自分の部下の成長のために、彼らの仕事を次のレベルに引き上げる手助けをしましょう。彼らがそれに挑戦することで成長し、仕事に責任を持つようになることが期待できます。

7 「～すべき」をやめる手伝いをする

すべきだ、しなければ…。一体、誰の人生を生きているのですか？ 他人の期待を満足させているだけですか？ 自分自身をどんな枠にはめているのですか？ 彼らが信じこんでいる無駄な習慣と、前進を阻んでいるものからの解放をサポートします。

8 質問をする

彼らがすぐに答えられる、あるいは答えられない、たくさんの質問をしましょう。質問により多くの情報や考えが引きだされることで、彼らは今の状況において何をすべきかを自ら考え、洞察するようになります。

9 真実を伝える

上司は、たとえ少し痛みが伴っても、部下の立場に立って真実を伝えます。それは、彼ら自身が自分に真実を話すことでもあります。正直でいることがどんなにすばらしいか、そして、真実によってどれだけ前に進めるのかを、一緒に見いだせるのです。

10 進歩を祝福する

あなたとともに歩むとき、彼らが大きな進歩を成し遂げることに疑う余地はありません。しかし、結果そのものにとらわれるあまり、その過程が祝うべきことであるのを忘れがちです。ともに成し遂げてきたことのすべてを承認し、彼らの進歩を祝福しましょう！

17

部下やスタッフを顧客以上の待遇に！

TOP 10

同僚や上司に対し「接客時と同じように気を配り、大切に扱ってほしい！」と思ったことはありますか？ 考えてみれば、いつもそばにいるのは顧客ではなく同僚です。彼らが一生会社にいたいと思いたくなるように、彼らを顧客以上の待遇にしませんか？

1 催促されなくても、頼まれたことはすぐにやる

2 言葉を交わすときは心から

3 アイコンタクトも忘れずに

4 冗談には笑う

5 商品やサービスに付加価値をつける

6 自分よりも部下やスタッフを優先する

7 敬意を払う

8 ふところ具合は気にせず、おいしい物をご馳走する

9 非を認め、謝ることをためらわない

10 自分の部下の功績を他の人に得意げに話す

18

部下の相談はこうして「聞く」！

TOP 10

聞くことはスキルです。何のマジックでもなく、ただ相手の言うことを受けとろうという意志です。これが実際には難しいのですが、ひとたびできるようになれば、言葉以上のもの——他人の持つ世界に対して心を開くことができます。

1 待つ、そしてもっと待つ

「聞くこと」は、「自分が話すために自分の部下の話が終わるのを待つこと」ではありません。自分の思う長さの二倍は待ちましょう。相手が十分に考えそして話せるように。

2 自分の話をしない

部下の関心を自分にむけさせてしまう危険があります。自分自身の話は求められるまでしないこと。もし尋ねられた場合も手短に。

3 大きなことより、小さなことについてたくさん質問する

事細かに、そして具体的に尋ねましょう。人は動くとき、具体的であることを好みます。

4 正直でいる

部下の話を見失ったり、理解できなかったら、そう伝えます。相手は中断されても自分が理解されることを歓迎するでしょう。

5 部下の立場に立つ

批判やアドバイスはしません。すべて相手の視点から物事を見ます。決めつけるのを避けましょう。

6 ネガティブな反応をしない

よりごのみせず、寛容さと忍耐を持ちましょう。訂正したり、以前に聞いたことがあるかのようにふるまってはいけません。たとえ聞いたことがあっても、前とは違って、何か教えられる点があるかもしれません。

7 自分がそこにいることを伝えられるような短いフレーズを使う

「ええ」「はい」「そうですね」「おっしゃることはわかります」。どれも短いですが、相手に伝わるものばかりです。それらを賢く選び、注意深く会話にさしはさみます。決してただの繰り返しにしないこと。そこにこめられた本当のメッセージは、「私は聞いています。どうぞ続けてください」。

8 ユーモアと笑いを使う

ユーモアを活かして口調を明るくします。深刻な状況にあるとしても、笑いを忘れないこと。

9 部下の鏡になる

時折、自分の部下の言っていることを要約します。これで話をはっきりさせることができ、相手にとってはあなたが理解していることが伝わります。同時に彼は自分が話した内容を聞いて、もっと深めることができます。

10 与えることを決断する

この会話は、あくまで部下が話すためのもので、自分は聞き手であることを決めます。指摘したり、彼に何かを教えようとしないこと。それは時間とともにやってきます。

19

部下に仕事を「まかせる」技術

TOP 10

能力を十分に引きだされた部下は驚くべき成果を発揮します。ただし、上司が責任や権限を完全に手放して、部下にまかせきりにすればいいわけではありません。むしろ、上司と部下が責任を適切にわかち合うことで組織はうまくいき、上司自身の権威も高まるのです。

1 自分の部下がさらに成長でき、新たな責任を担う仕事をまかせる

これによって彼らのやる気を引きだすことになります。なぜなら、彼らは自分の価値が認められていると感じるからです。

2 その仕事を与えた理由を、部下にきちんと伝える

まずはじめに、そのプロジェクトの概略を説明した後、詳細を伝えます。

3 常に明確な方針・指示を与える

あいまいな指示では、彼らはなかなか動くことができません。

4 部下と同じ考え方であることを確認する

彼らに質問の機会を与えたり、指示を復唱してもらう機会を設けて、相互理解を得ます。彼らと一緒にこのプロセスを通ることがベストです。十分に理解できたことを確認できたら、各自の仕事に進んでもらいましょう。

5 なぜそのような手段をとるのか説明する

説明によってその理由を理解できたら、彼らは自ら判断、対処していき、上司を質問攻めにするようなことはなくなります。

6 自分が部下を信頼していることが伝わるようにふるまう

細部にわたって自分の指示を待つ必要がないように、プロジェクト遂行範囲内で必要な権限を彼らに与えます。ただし、彼らが指示を受ける必要があるときのために、状況を把握し、監督しておくようにしましょう。

7 よりよい方法について、部下からの提案を求める

彼らが提案するすばらしいアイディアに驚かされるかもしれません。もしそれが納得のいくものであれば、その方法で進ませてみましょう。

8 「現実的に達成可能な期限」について、部下の意見を聞く

自分で期日を決める場合にも、「できるだけ早く仕上げるように！」とは言わないこと。もし明日の午後までに必要なのであれば、その旨をはっきりと伝えましょう。

9 その仕事においての優先順位を確立する

自分の部下が「まず最初に何をすべきか」「なぜそれをすべきなのか」を明確に理解しているかどうか、確認します。

10 部下の仕事ぶりを頻繁にチェックしすぎないこと

フォローアップは大切ですが、まかせられることはまかせてしまいます。ただし、彼らが助けを求めるときには、いつでも対応できるような状態でいましょう！

Tips for
組織をのばす
Management

20

やる気を引きだす組織づくりの法則

TOP 10

ボーナスや特別賞与は社員のやる気を高めるのに役立ちますが、その効果は長くは続きません。社員のやる気を高めるのに一番よい方法は、楽しんで働ける環境を創ることです。

1 常にその人にふさわしい仕事を与える

仕事がやりがいのあるものであれば、自然にやる気がでるものです。 その仕事についての責任もまかせましょう。

2 エネルギーを与える

決断を下し、プロジェクトを運営する機会を与えましょう。

3 チームワークを活用する

共通の目標にむかって、ともに協力し合い仕事をしている人がいると、目標の達成のためにより努力するようになります。

4 勤務時間をフレックスにする

オフィスにいる時間数ではなく、業績に焦点をあてましょう。人はさまざまな業務を扱うようになればなるほど、フレックスな勤務体制を求めるようになります。

5 情報を共有する

社内で起こっている新しい展開やプロジェクトについての情報を常に社員と共有しましょう。そして彼らの仕事が会社の成功に欠かせないものであることを示します。

6 存在を認める

社員は常に承認と賞賛を求めています。可能なかぎり十分に仕事に対するフィードバックを返し、人前でほめるようにしましょう。

7 生活の安定を保障する

社員は安定した仕事と収入、医療保険などの福利厚生、安全な職場環境などを必要としています。 給料とその他の福利厚生は、彼らにとって非常に重要な条件なのです。

8 社員に対してはコーチとして接する

マネージャークラスにも、部下に対してコーチとして接するよう促すとともに、彼らをサポートする機会を創ります。

9 服装についてうるさく言わない

どうしてもプロフェッショナルな服装を求められる仕事でないかぎり、ドレスコードをゆるめましょう。

10 社員は公平に扱う

彼らは、勤務時間、仕事の内容、給料などを他の同僚と比較するものです。もしそこに差があると、彼らのやる気を失わせることになるでしょう。

21

80/20の法則で成功するポイント

TOP 10

行動の２割から結果の８割が起こる。これを「パレトの原則」といいます。よりよい結果を得るためには、この「２割」を最大にすればいいのです。そのためには、以下のポイントをおさえて最前線に立ちましょう。

1 どのタスクが大切かはっきりさせる

集中できるように、はじめに優先順位を考えます。これをしておくと作業効率があがり、また心理的にも大きく違いができます。

2 「やることリスト」を作成する

さらに、リストを上・中・下にレベル分けしましょう。まず最初に目を向けるのは上、そして中です。

3 同僚や部下、家族にとって何が大切かを明確に把握する

自分が大切に考えていることと、同僚や家族が大切に考えていることを一致させるため、ときには話し合う必要もあります。

4 留守電やメールに対応する時間をつくる

それ以外の時間には、そのことで仕事を中断しません。

5 自分自身とむきあう時間をつくる

創造性が自由に発揮される環境を持ちましょう。

6 ゴールを書きだす

焦点が明確でないときは、ゴールが何だったか、あらためて振り返りましょう。

7 大切なものが手に入るように環境を整える

手に入れたいものが何かはっきりしたら、あとはそれにむけて準備をすすめるだけです。

8 締切に仕上げるために、時間に余裕をもって計画する

毎月、毎週、そして毎日。

9 プロジェクトは締切からさかのぼって計画する

段階分けをし、各部分に十分な時間を確保し、毎日の所要時間から、何日前に何を始めればよいかを決めましょう。

10 まかせることを学ぶ！

ゴールとは、メンバー全員の英知を結集させて仕事を仕上げることです。自分のやり方ですべてをやることは、ゴールではありません。

22

いいことづくめの「人まかせ」管理術

TOP 10

相手に仕事をまかせることは、責任をおしつけることではありません。適切に仕事を「人にまかせる」ためには、大きな目標達成にむけての物事の正しい把握と、時間と才能を最大に活用するためのビジョンが必要です。では「人にまかせる」ことで得られることは？

1 やるべきことが整理され、さらに高いレベルの仕事にむける時間とエネルギーが増える

誰でもできる作業に貴重な時間とエネルギーを注ぎこむのは、あなたと組織の両方にとって非効率です。

2 自分が直接関わる必要のあるプロジェクトなどが明確になる

「自分がやらなければならない」仕事をはっきりさせることで、それに専念できるようになります。

3 他のメンバーに権限を委譲することで、チームづくりを促進する

コミットメントを最高にするために、権限とともに必ず責任の所在を明確にし、そのことへの同意を得ましょう。

4 やり方に関して新しい視点を与える

アイディアを交換することによって面白い結果に結びつくこともあります。

5 仕事をまかせた相手のスキルや自尊心が向上する

今まで自分や組織で行っていたことを他人にまかせることは、すなわち相手の能力を信頼していることの表れです。

6 適切な「人まかせ」が進めば、合理化された組織の姿を外部にアピールできる

「人まかせ」がうまくいっている組織は、チームとして魅力的です。

7 納期の遅延が減る

後まわしにせずに、タスクを行動に移せるような管理能力を証明しましょう。

8 専門知識のある人にまかせれば、より効率的

外部のコンサルタントはいくらでもいます。ただし社内にある知識を取り逃がさないように。

9 時間どおりに仕事が達成できる

自分でやるより、外部に頼った方がいい場合があります。オートメーション化も「人まかせ」の形のひとつです。

10 上手な「人まかせ」は関係者全員にメリットを生む

個人がそれぞれ適切なモティベーションを持ち、能力を高めている、そんな組織にしたいと思いませんか？

23

組織を強くするビジョンのつくり方

TOP 10

新しい組織をつくったり、組織変革を考えているのなら、組織を方向づけるビジョンづくりが有効です。明確なビジョンがあれば、組織のエネルギーを進むべき方向に集中させるだけでなく、他組織からのサポートも得ることができ、成功が確かなものになります。

1 まわりで起きていることを見極める

利害関係者（ステークホールダー）を見極め、そのニーズと組織に対する期待を理解します。利害関係者とは、主要顧客、ビジネスパートナー、取締役会メンバー、同僚、その他組織内で影響力のある人のことです。次に、組織の外に目をむけて、競争相手が市場の変化にどのように対応しているかを調査します。そこから学ぶものがあるかを常に考えましょう。

2 時代の流れを見つける

調査の結果、取り組むべきトレンドが見えましたか？　そのトレンドが続くと、組織にどんな意味を持つでしょう。

3 大きく考える

目の前のビジネスチャンスについて考えます。やりたいことでもっとも大きいものは何ですか？　枠にはまらないで考えましょう。そのビジネスは取り組むに値するものですか？

4 長期的に考える

長期的な視野に立ちます。短期的な必要性や個人的な野心のために横道にそれないようにしましょう。

5 ビジョンに夢の色づけをする

一年後に今とどう変わっているかをイメージし、言葉にします。そこでは、自分がどのように貢献したか、また他に誰が重要な貢献をしたか、その変化は組織、顧客、従業員にどのようなメリットを生むか、書きだしてみましょう。

6 熱意を持つ

そのビジョンを見て、やる気になりますか。そのビジョンには意味がありますか。もしそうでないなら何が必要ですか？ ビジョンを修正してみては？ あるいは、障害となっているものに焦点をあててみましょう。

7 使えるリソースは何か、確認する

今持っている経営資源を確認しましょう。足りないものはありますか？ ビジョンを実行する前に、十分なリソースがあるかの確認が必要です。

8 他の人を呼びこむ

ここまでやったら、他の人の参加を呼びかけましょう。人は協力したい、誰かを助けたいと思っているものです。他の人のアイデアを柔軟に聞き、ビジョンを共有しましょう。ビジョンを実行する計画を、参加者と一緒になってつくります。

9 自分の信念と他の人にオープンに接することのバランスをとる

ビジョンについて話す際、自分の正しさを信じることが必要ですが、同時に他人の新しいアイディアや提案にも耳を傾けましょう。他の人の協力なくしてはうまくいきません。

10 客観的であり続ける

ビジョンはあなた自身のすべてではありません。また、他の人がそれに否定的でも、あなた自身を否定しているのではありません。自分自身を客観的に見る立場を持てば、ビジョンをより良いものにしてくれる提案を、素直に聞けるようになります。

できる経営者はここを見ている

TOP 10

日々のストレスに追われ、事業が成長し成功していくために何をすべきか、ということを忘れがちです。事業や専門技術を持続し成長させるために、目的を持った継続的な行動をとり、組織内の創造性を保つ必要があります。

1 全体を見る

働きすぎると、人は明確な表現力、将来の展望、エネルギーを失います。心と体と精神のバランスを保つことは、健康に良いだけでなく、事業を成長させ、他の社員の模範となるために欠かせないことです。

2 サービスに目をむける

顧客へのサービスに目をむけましょう。サービスの向上により、顧客の心をつかむことができ、仕事の依頼が増え、事業が繁栄します。別の顧客を探すより、今の顧客を保つほうが経済的です。

3 部下をサポートする

部下は歯車ではありません。成長と、自分の生活のバランスを必要とする一個人です。部下の仕事を認め、具体例をあげてやる気を起こさせ、決断できるようサポートしましょう。部下のすることを当たり前だと思ってはいけません。彼らもまた、上司のすることを当然だと思ってはいけないのです。

4 発展し続ける

最良の組織は、自然に成長し発展していくものです。組織とその社員が、十分な力、新たな考え、成功への決断を持っていない場合、あるいは、組織に変化への適応性がなく、社員も向上心をもっていない場合、その組織はすぐに崩壊します。

5 支配者ではなく、指導者になる

「私の言うとおりにしなさい」。この考え方はすでに廃れています。部下のお手本となる指導者になりましょう。部下が良い決断ができ、組織の運営に携わっているという自覚を持ち貢献しようと思えるように、彼らを向上させましょう。吸収すること、最善をつくすことを求めましょう。

6 自分自身を知る

あらゆる人にむけて幅広いことをするのはやめ、自分の事業における市場、顧客の特徴、製品、サービスを把握します。

7 将来を見据えた行動をする

一日のなかで、将来を見据える時間と余裕を持ちましょう。そうすれば、仕事上での突然の変化や内外の問題にも驚きません。大事なのは、人の話を聞いたり、雑誌や新聞を読んで情報収集し、ネットワークを築くことです。

8 意識して聞く

顧客や部下は、組織の向上に必要なことやそれを実行する方法について、常に伝えてきています。きちんと聞いてますか？

9 約束を果す

約束を破ることほど信頼を失い、良い関係を壊すものはありません。できないことは約束してはいけません。そして、常に約束した以上のことをするよう心がけましょう。

10 新しいことを取り入れる

新しい考えを活発に支援しましょう。将来成功するためには、過去の成功例に頼ってはいけません。創造的になりましょう！　同じことをやってうまくいかないなら、抜本的な改革が必要です。

25

事業をはじめるときのチェックリスト

TOP 10

新しい事業を起こすとき、今の事業を見なおすとき、重要なことは次の点を明確にすることです。これらさえはっきりしていれば、どんな状況にあっても、次にとるべき手は自ずと見えてくるはずです。

1 WHAT？（どんなものか）

「物」を売っているメーカーや小売業でも、実際は「顧客の得するもの」を形にして売っているのです。サービスに関しても同様です。

2 WHY？（なぜこれなのか）

その根拠は？ この事業を起こす社会的使命《ミッション》は何ですか？

3 WHO？（誰と、誰のために）

事業のパートナーは誰ですか？　その事業について考えるとき、心に浮かんでくる顔は？

4 WHEN？（いつ）

タイミングをうまくつかむことがすべてです。

5 HOW？（どんな方法で）

たとえば財政的には、どのような方法をとりますか？

6 WHERE？（どこで）

ロケーション。もちろんインターネットも場所と考えてよいでしょう。

7 同じことをやっているのは誰か？違いをつけるとしたら？

独自の商品やサービスを明確にしましょう。

8 どんな特典があるのか？

事業主への利益はもちろん、顧客にとっての利益を考えることが大切です。

9 好反応を示してくれる顧客は誰か？

彼らに目をむけましょう。

10 今やらなければ、いつやるのか？

本当にしっかりしたコンセプトがあるのなら、腐らないうちに実行させましょう。一歩抜けだし、信頼できる仲間に正直なフィードバックをもらい、アイディア交換をします。同時に、彼らからは機密を守る保証をもらうこと。後まわしにしてエネルギーが消耗しないよう、的を狙ってはじめましょう！

Tips for
人とかかわる
Communication

26

人前でドキドキせずに話すコツ

TOP 10

私たちの多くは、人前で話すことに大の苦手意識を持っています。この苦手意識を減らすことができれば、スピーチはもとより、自分自身についても、心から自信を持てるようになるでしょう。
気を楽にして、楽しみましょう！

1 聴衆は味方である

聴衆はあなたの成功を期待しています。自分を助けてくれる友人だと思ってみましょう。

2 深呼吸をする

事前に数回深呼吸をし、ゆっくり呼吸できていることを確かめましょう。のどを締めつけていると声が震えます。深呼吸をすると、のどが楽になり、自信のある声がでてきます。

3 話す前に、聴衆とアイコンタクトをとる

素敵でやさしそうな人を選び、目を合わせましょう。何人かとアイコンタクトをとれば、孤独感を解消できます。このような間をとることで、聴衆の関心も高まります。

4 十分に準備をする

準備がしっかりしているほど、怖さは減ります。原稿をそのまま読むのは×ですが、メモやノートは持っておきましょう。大きな字で書くとぱっと見ることができますし、話題の転換部分にマーカーをひいておけば、あわてたときに助かります。

5 聴衆のためになるポイントをおさえておく

どんなにいい話でも、それが聴く人にどう役立つのか、また理解しないと聞く人にどんな不利益があるかが伝わる言い方

をする必要があります。準備する時点で「だから何なのか」と常に自分に問いかけ、その答えを内容に盛りこみます。

6 最初と最後の言葉を決めておく

出だしと結びの言葉を聴衆はよく覚えています。慎重に言葉を選びましょう。注目を集める言葉を最初にぶつけ、行動を促す言葉や余韻の残る言葉で締めくくります。

7 重要なポイントを中心に話を組み立てる

1テーマに15分程度が最適です。重要なポイントをおさえ、それにそって事例や話を組み立てます。話題を移るときには、論理的なつながりを持たせると、聴衆は楽についていけます。

8 話そうとしていることを先に伝え、最後にまとめを

話は簡明に。そうすれば、聴衆は内容を覚えていてくれます。

9 参加意識の高まるスタイルで

可能であれば、話の合間に聴衆が参加する機会を設け、質問などに答えてもらいましょう。簡単なテストや、話題に関係する作業をしてもらうのも手です。参加型は聴衆の参加意識を高めるだけでなく、話し手のストレスを軽くし、話を立てなおす時間を持つこともできます。

10 必ず時間どおりに終わること。そして、楽しむことを忘れないで!!!

聴衆が望むより長く話すのは×。知っていることをすべて伝える必要はありません。もう少し聞きたい、というところで終わるほうが効果的。可能なら、いったん話を終えてから、残って質問に答えるのもよい方法です。

27

コミュニケーションがうまくいくカギ

TOP 10

コミュニケーションがうまくいかず、思っていることが伝わらない、と感じるときがあります。でも、それは自分の性格や人柄に問題があるからではありません。そのほとんどは、コミュニケーションに対する知識の不足に起因しているのです。

1 言葉だけでは伝わらない

人が受けとるメッセージの約80%は、なんと非言語メッセージ（言葉以外のもの）なのです。

2 「相手がどう受けとったか」がすべて

常に自分の意図どおりに伝わるわけではありません。自分の送るメッセージは、相手に誤解されてしまうことがある、ということを認識しておきましょう。

3 「自分がどう話すか」より「相手にどう伝わるか」

「明瞭に話すこと」よりも「相手が理解できるように伝えること」に意識をむけましょう。

4 言葉が通じるのと、気持ちが通じるのとは別

同じ単語を使っていても、自分の意味するものと相手が意味するものはまったく違うことがあります。

5 言葉の裏に隠された意味を知る

発せられた言葉の裏に暗に意味されているものは、その言葉の意味そのものと同様（もしかしたらそれ以上）に重要です。それを辞書から見つけだすことはできません。

6 コミュニケーションのスタイルはさまざま

日常的に、そして親しくコミュニケーションをとっている人とは、お互いの間だけで理解できる共通の言い回しがあるはずです。まるで自分たち独自の言語を話しているような感覚なのでしょう。

7 一緒にいることがコミュニケーション

誰かと一緒にいるときは、コミュニケーションをとっているのです。自分にそうしているつもりがあっても、なかったとしても。

8 眼に入るもののほとんどがメッセージになる

情報の87%は、眼から脳へと伝達されています。

9 言葉は「隠す」ために使われる

多くの人は、考えていることを表すためでなく、隠すために言葉を使っています。

10 相手との相性を考えたコミュニケーションを

人はそれぞれ違ったコミュニケーションのスタイルを持っています。お互いに合わないと感じることがあるのは当然です。自分はどんなタイプで相手はどんなタイプか。それを理解しながら人と接するようになれば、コミュニケーションは深みを増します。

28

「聞き上手」をつくる魔法のルール

TOP 10

せっかくのおしゃべりも、お互い自分の話ばかり。あとから「結局、何を話したんだっけ…」なんてこと、ありませんか？　相手の話をきちんと聞くことができると、終わった後もお互いすっきりした気持ちでいられます。一度、じっくり耳を傾けてみましょう。

1 遮らないこと

話し手に「自分の考えを伝えられる」場を提供しましょう。

2 主旨を聞きわけること

相手が何を話そうとしているかを、まず見きわめます。必要に応じて質問を投げかけて、話を明瞭にしましょう。

3 相手の話し方ではなく、内容に集中すること

どのように語られているのかではなく、話の要旨をつかむことに焦点をおけば、ポイントが明確になります。

4 注意散漫にならないこと

静かな環境で。邪魔が入りそうな場所を避けましょう。

5 感情的にならないこと

相手の話を聞いていることで、自分が冷静になるというような、新たな発見があるかも知れません。

6 簡単なメモをとること

キーポイントについて簡単なメモをとれば、会話に集中できます。必要なときにはそのメモを見て、話の内容を明確にできます。

7 相手に話させること

コミュニケーションとは「自分」が単に話すことではありません。相手から話すことによって、事実を得られる場合もありますし、知らなかった新しい何かを学ぶこともできます。

8 感情移入すること

少なくともある瞬間は、話している相手に感情移入しましょう。自分の感覚だけを重視するのではなく、相手がどう感じているかに対しても心を広くし、相手の立場に立ちます。

9 決めつけず、質問をすること

すべての事実を把握し、状況を理解するまで、判断を保留するように前もって決めておきましょう。質問は理解するために良い方法です。

10 行間を読むこと

会話にあなたのすべての感覚（センス）をつぎこみましょう。相手の実際の言葉だけでなく、もっとはっきりしたメッセージを伝えてくるボディーランゲージや顔の表情、イントネーションについても感覚をとぎすませます。

29

相手の気持ちを上手に引きだす会話術

TOP 10

会話のなかから何かを生みだしていくことは、一人で考えているよりも楽しく、努力も要しません。さらに結果もよりよいものになります。それだけでなく会話は、相手との関係を進展させるすばらしい方法でもあります。

1 相手の話を聞きわける

感情から話しているのか、事実を話しているのかを聞き分けます。感情や意見などの主観的な領域から話しているとわかったら、慎重に応じましょう。

2 相手が気持ちや感情を表しているときは受け入れる

「ベッドの下にお化けがいて怖いよ」と子どもが言ったとき、たいていの親は、「夜が怖いんだね」と共感するより先に、「心配ないのよ、お化けなんかどこにもいないわ」と子どもを早く安心させようとします。この親の反応は、子どもを独りぼっちにさせ、自分の感情は受け入れてもらえなかったという印象を抱かせます。

3 何と言ったらいいのかわからないときは話さない

沈黙は悪いことではありません。何か言わなくては、というあせりから無理に話そうとするのをやめることです。

4 相手が気持ちを伝えているときや不安になっているときは大きくうなずく

励ましたり、大きくうなずいたりすることで、話を聞いていることをはっきり示します。

5 相手の話に集中する

テニスのコーチがいつも「ボールを見て」と言うように、話し手に集中することが会話上手への一番の近道です。相手の話に十分に集中すれば、相手への態度もより自然なものになり、信頼も得られるでしょう。

6 相手の伝えていることすべてに神経を傾ける

聞く対象（話し手の価値、感情、ニーズ、強み、弱みなど）はたくさんあります。

7 重要な話への反応は短く

あなたが長い反応をすると、相手は「脱線させられた」と感じてイライラしてしまうでしょう。

8 ポジティブな方向に話を持っていく

例えば、同僚が「もうすぐ誕生日なので年をとるわ」と言ったら、「でも、これからは私たち、シルバー割引が使えるわね」というように。

9 話す時間の二倍は聞く

あなたは時間の半分を話していますか？　聞いていますか？人がふたつの耳、ひとつの口を持っているのは何のため？話すより聞けということです。そして、「聞き上手」になることは、友人を得る最良の方法です。

10 愛情ある聞き手でいる

敬意をもって相手の世界を理解しようとする態度は、気のきいた答えを返そうとするよりも、ずっと重要であることを覚えておいてください。

30

「リクエストの達人」はここがちがう！

TOP 10

コミュニケーションにおいて、相手に「要求」するということは、ひとつの大きいハードルです。逆に、そのハードルを楽に乗りこえられるようになれば、あなたの人生はぐっと広がっていくでしょう。さあ、「リクエストの達人」になりましょう！

1 リクエストしなければ、相手は「決して」動かない

ある伝説的なホッケー選手の言葉です。「打たない球は、100%ゴールに入ることはない」。同様に、依頼をしなければ、その問題は決して解決しません。

2 回りくどい言い方をしない

ただ素直に頼みましょう！

3 大きなリクエストである場合、そう伝える

自分のリクエストが大きいものだからといって、控えめになることはありません。人は大きなリクエストに応えることで、自分のあらかじめ用意した限界をうち破ることもあります。

4 通常自分がすべきことを人に頼むときは、自分ができない理由を説明する

詳細を伝える必要はありませんが、助けを頼んでいる人に対して（そして自分自身にも）正直になりましょう。

5 答えは相手にまかせる

相手は「ノー」と言うかもしれないし、もちろん「イエス」と言うかもしれません。それを決めるのは自分ではなく、相手です。

6 相手の「ノー」を受け入れる

自分にとっては、好ましくない返事かもしれません。でも、それはときどきあることです。「ノー」を受け入れ、他の人に頼みましょう。

7 頼み事は一度にひとつ

頼んだあとで変更があるのはかまいません。一度に多数のリクエストをして、相手を閉口させてしまわないことだけ気をつけてください。

8 明確にリクエストする

正しいやり方があるなら、それをしっかり伝えましょう。相手にベストの判断をさせるために、すべての情報を与えます。

9 相手を信頼する

相手がこちらのリクエストを受け入れ、やってくれることになったら、相手を信頼し、まかせます。相手を追及したり、そのことについて追い回さないようにします。

10 お礼を言う

もし結果が期待に添わなくても、「ありがとう」の言葉を忘れずに。気持ちいい関係でいましょう。

「怒りっぽい人」との上手なつきあい方

TOP 10

私たちは、ネガティブな人や、怒りっぽい人に悩まされることがあります。そういった人を前にしたときの、正しい対応方法をお教えします。これさえ頭に入っていれば、相手の怒りに動揺して自分のペースを見失ってしまうようなこともなくなるでしょう。

1 反応しない！

これは、怒っている相手にとって予想外の態度。思ったことをすぐ言う前にひと呼吸おき、相手と距離を持ちましょう。

2 言葉の裏にあるものに耳を傾ける

怒りは、見当違いの方向にむけられていることが多く、何かに対するおびえや欲求不満が姿を変えたものです。言葉の裏にはたいてい、相手がイラついている原因を見つけだすカギが潜んでいます。五感をフルに働かせて、相手の言うことに耳を傾けましょう。

3 聞いたことをそのまま受け入れる

「君がそのことに対して腹をたてているのはよくわかったよ」。相手の言ったことを受け入れることは、賛同することではありません。ただ「確かに聞いた」ということを示すだけでいいのです。

4 問題をはっきりさせる質問をする

「気がかりについてもう少し詳しく聞かせてくれる？」。こう問い返すことで、二つのいいことがあります。ひとつは、相手が自分の言ったことについて考える時間が持てること。これは怒りを静めるきっかけになることがあります。もうひとつは、あなたが相手の話に関心を持っていることを伝えることができます。

5 相手の言ったことを繰り返す

「君が気にしているのは、○○だと聞こえるんだけど、それでいいのかな」。このとき、相手が実際に使った言葉を使いましょう。相手は自分の話が聞かれていることを確認します。

6 相手の言ったことを発展させる

「あなたの言っているのは、○○○ということですよね？」。これをうまくすれば、相手は理解されたと確信し、自分の言ったことを振り返ります。最後に確認を求めれば、あなたが心を開いているということを再確認します。

7 認める

「君がどうしてそう感じたのかよくわかるよ」。「認める」ことは「受け入れる」同様、同意することではありません。相手の立場をふまえたうえで、どうしてそうなったかを理解した、という意味です。

8 解決策を探すことを提案する

「この問題解決のために何ができるのか考えてみるのはどう？」。これは、解決策を提示することとは違います。「こうしたらどう？」は×。本人に解決する気がちっともない場合もあるのでご用心。そのときは相手の反応でわかります。また、間違っても「一緒にやろう」とは言わないこと。解決策を見つけることは、本人の責任なのですから。

9 相手と自分の間に線を引く

「私に何ができる？」。こう聞くと、問題を解決するのはあなたの責任でないことに気づくでしょう。相手が自分で問題を解決できると確信していることを伝えましょう。

10 相手と自分の間の線をはっきりさせる

いくら親身になって聞いても、相手が満足しない。それればかりか、あなたを避難するようなことまで言いはじめたとしたら、こう言いましょう。「申し訳ないが、もう私にできることはないと思う。それにその物言いは受け入れられない。そんな言い方をするなら、自分ひとりで解決してほしい」。相手の様子や、状況を回復することが可能かどうかをみながら、どの程度までやりとりを続けるかを判断しましょう。

32

こんな言動が相手を怒らせる

TOP 10

コミュニケーション・スキルのなかでも、もっとも重要な技術のひとつは、怒っている相手（特に自分に対して不当に怒っている人）とどうつき合うかです。このような状況でとってはいけない数々の言動を紹介します。

1 反発する

誰かに批判されたとき、怒りから反発するのはよくあることですが、これは自分自身がダメージを受けることになりかねません。自己主張どころか、相手に余計に反発されてしまったり、悪感情を持たれてしまいます。

2 なだめる

ただ相手を静めようとする態度は、多くの場合、逆に怒りを増幅させます。 相手はあなたが本音で話すことを望んでいます。

3 冷静に対応する

冷静な対応は、相手を落ち着かせるよりむしろ、相手に自分の動揺が理解されていない感じを与えます。まず、声の大きさを相手に合わせ（もちろん攻撃するのではなく）、それから会話の流れにそって徐々に静めていくのがよいでしょう。

4 「理解」せず、「同意」する

相手の話を聞くとき、理解するのではなく、どこまで同意できるかを考えていませんか？ 同意するかどうかは、相手の言い分を完全に理解してからにするべきです。

5 言葉と態度が矛盾している

悔しそうな態度で相手に謝罪されたら、本当はどちらだと思いますか？ こういうときは、ストレートにどう思っているのか聞いてみましょう。

6 状況に合った聞く態度をとっていない

人の話を聞くスタイルには、五種類あるといわれます。
①鑑賞（楽しむ）
②共感（相手を感情的にサポートする）
③理解（相手の言うことをまとめる）
④識別（全情報を集める）
⑤評価（決断をする）
相手が聞かれたいように、あなたは聞いているでしょうか？

7 問題の核心でなく、会話上の言葉にとらわれてしまう

優れたコミュニケーターは、些細な言葉で横道にそらされたりしません。常に問題の核心をつかんでおり、どこに問題があったのか、解決のポイントはどこかを探しだそうとします。

8 相手の言葉を受けとれていない

あなたが問題をきちんと聞いていると気づくまで、相手は伝えようとし続けるでしょう。言っていることが受けとられると、自分は聞かれているという気になります。相手の感情と言葉上の内容の両方を受けとりましょう。

9 同意できる点を見つけていない（100＋1%の原則）

怒っている相手に対する反応は、主に同意できない点にむいています。それよりも100%同意できる1%を見つけましょう。

10「でも」の使い方を誤っている

次のふたつの謝罪をくらべてみましょう。
―あんなに怒って悪かった。でも、君の態度は本当に不快だったんだ。
―君の態度が本当に不快だったんだ。でも、あんなに怒って悪かったよ。

「でも」という言葉は、それより前の部分を張消しにしてしまいます！「でも」の後ろには、大切な言葉を続けましょう。このテクニックを「butを逆にする」といいます。

33

自分への批判をチャンスに変えるヒント TOP 10

自分がやっていることを批判されたり、厳しいことを言われたりするのは、辛いことです。自分自身が否定されたような気持ちにさえなります。ここでは必要以上に落ちこまずに、そればかりか批判や批評を自分が成長するためのチャンスに変えるヒントを紹介します。

1 批判は敵ではない

他者の眼をとおすことで、私たちは自分の目的や情熱をもう一度見なおすチャンスを得ることができます。

2 真のメッセージに耳を傾ける

心を開き柔軟な気持ちで聞くことは、批判に同意することとは違います。批判的な言葉のなかに、思いがけない宝や新しい道を発見するかもしれません。

3 批判の内容とそれを発した人を切り離して考える

メッセージそのものを素直に受けとれないことは、しばしば起こります。それは、私たちのエゴが、ついそのメッセージを発した人にむけられてしまうからです。少しゆっくり時間をとり、メッセージそのものを味わってみましょう。そのメッセージが別の誰かから発せられたとしたら？ 自分自身が そのことを発見したとしたら？ そのメッセージをまったく違った光に照らして眺めてみてください。

4 自分のなかの真実の声をつきとめる

メッセージに感情がざわざわするときは、自分自身に対する批判が心の闇の部分にひそんでいるのかもしれません。「こんなことしても、何の得にもならない」「私は彼女にとってふさわしい人間ではない」。心の声に耳を傾け、自分の影の部分とむきあう勇気を持ちましょう。

5 自分が成長できるチャンスを見つける

ときに、ひとつの批判がきっかけとなり、さまざまな考えが連鎖反応的に頭のなかを駆けめぐります。その過程に意識をむけてみましょう。そして成長できる機会を見いだしてみましょう。

6 自己不信の状態を見おとさない

自分を信じられなくなったとき、私たちは何とか自分の正当性を証明しようと必死になってしまいます。

7 批判のなかにメッセージを発見する

批判や厳しい言葉は、それを発した人からのメッセージです。そこには、必ず自分への気持ちがこめられています。

8 そこから得られるものを見つける

そのメッセージは、自分にとってどのように役に立ちますか？　あるいは、どんな点で役に立たないのでしょうか？

9 批判や批評は、うまくいかないことへの忠告

批判や厳しい言葉はときに、自分では気がつかない問題点や短所を指摘してくれます。批判がなかったら、自分はすっかり行きづまっていたかもしれない、と考えてみましょう。

10 反応するだけでなく、応える

単に批判に反応するのではなく、それに応え、そこから何かを生みだすことを選びます。そうしてはじめて、その批判があなたのなかで活きてくるのです。

「許すこと」のテツガク TOP 10

私たちは、ときに他人を傷つけることがあります。また自分が傷つけられることがあれば、怒り、恨み、ときには復讐心に駆られ、後々も、恨みを抱えたまま相手に反応しがちです。そして人にもっともダメージを与えるのが「許さない」という行為なのです。

1 許すことは、自分自身へのギフト

人はときに、相手に痛みを与えていることに鈍感です。そして、痛みを受けたほうは、自分を傷つけた人間は許すに値しないと信じ、怒りや痛みを抱えたがります。許すことは、傷つけられた相手にでなく、自分自身へのギフトなのです。

2 許すことは、自分の人生を自分でコントロールすること

自分を傷つけた相手に費やしていた分のパワーを再び手に入れましょう。許すことは、もう相手に影響されない、そのことで自分の人生を邪魔されない、とすることなのです。

3 自分のための許しであってもよい

相手を許すと、他人に悪感情を抱くことに費やされていたエネルギーを取り戻せます。許すことで、皮肉や辛辣な感情から解放されます。

4 許すことは、忘れることではない

許すことは、記憶から痛みが消えること、また、そこから離れようとする意志を持つことです。

5 許すことは、簡単なプロセスではない

無礼な行為を許すことは、それは単純に自分次第だと知るこ

とからはじまります。完全に許すためには、感情の発散、視点の回復、前向きな姿勢、痛みを癒すことが必要になります。感情の奥深いところで思いだされたものが、古い感情にとらわれなくなったとき、許しは起こります。

6 許しの対象は、一人とは限らない

痛みの原因は一人かもしれないし、あるいはグループやそのなかの問題かもしれません。原因を理解することで、見方は変わってきます。

7 自分自身の間違いを受け入れる

自分の行動には責任をとらなくてはいけません。しかし、自分を人質にするのをやめ、自らを許し、人間は生来間違いを犯すものということを受け入れましょう。そしてそのことにとらわれず、前進します。

8 許したあとは、同じことを自分に繰り返さない

自分を傷つけるような人々や状況は、できるだけ避けるのが賢明です。自分のなかで基準をつくりあげ、境界線と防衛手段を確立しましょう。

9 許すことで、ひと区切りつける

許すことのすばらしさのひとつは、その人の行動や気持ちにゆとりをつくりだし、新しい光を運んでくれることです。

10 恨みは前むきなエネルギーをうまない

恨みを抱えることで、私たちは自分を犠牲者にし、また自らを惨めにするエネルギーを相手に与えます。それは、自由ではありません。

Tips for
自分をみがく
Success

35

成功している人はこうしている

TOP 10

頂点を極めた成功者には、一般的に共通する特徴（コンピテンシー）があります。あなたも、日常の仕事や生活に、これらを意識して取り入れてみましょう。きっと、驚くほどの成果が得られることでしょう！

1 仕事を楽しんでいる

目的意識を持ち、仕事をしながら、めいっぱい楽しんでいます。

2 ポジティブで、自信に満ちている

成功を疑いません。そして、成功を手に入れることで、自尊心がさらに強まります。

3 マイナスと思える経験から自分の強みを探しだす

いつも喧嘩している両親のもとで育ったあるテレビプロデューサーは、成長する過程で、それをユーモラスに受けとめることを学びました。そうした経験をベースに、家族をテーマにした番組を制作し、ヒットさせました。

4 明確かつ的確な目標設定をする

人生で手に入れたいものが明確で、そのための最短の道を選びます。

5 他人の成功を支援する

サークルKの会長は、こんなことを言っています。「どのような取引であっても円満にいくよう、相手に対して公平であることに気を遣ってきました」。

6 根気強い

マクドナルドの創設者は、チェーン店オープンのための融資を八回も断られながら、そのたびにプランを練り直し、最終的には融資を得ることに成功しました。

7 リスクを負う

リスクを負わずして頂点を極める人はほとんどいません。さらに、成功者は失敗してもあまり気にせず、歩み続けます。

8 上手なコミュニケーションと問題解決法を身につけている

自分で答えが見つからないとき、まわりからのアドバイスを活発に求めます。

9 有能で頼りになる協力者に囲まれている

いくら頭が良く想像的な人間であっても、まわりに信頼できる人を必要としない人はいません。

10 健康でエネルギーが高く、リフレッシュの時間を確保している

疲労回復のための休息や気分転換はとても大切です。成功者はエネルギーを充電するための時間をきちんととっているのです。

36

自分のなかの 創造力を引きだす方法

TOP 10

クリエイティビティ（創造性）は複雑で、さまざまな側面を持っています。ただ、世のなかでクリエイティブなのは一部の人たちだけ、という思いこみは誤りです。創造性は、引きだし、磨きをかけ、広げることができるのです。

1 自分の創造性を信じる

すべての人が創造性を持っています。もしくはその可能性を秘めています。創造は、人間の持つ重要な資質のひとつなのですから。

2 興味の幅を広げる

今までに見たことがないものを、意識的に探しましょう。新たな経験、新たな情報源にオープンでいましょう。

3 何かを創る準備をする

情報、きっかけ、印象、色、素材、音などを集めてみましょう。メモをとること！

4 つながり（関連性）を見いだす。または創りだす

より多くの物事に興味をもっているなら、あなたは一見何の関連もないようなものの間にも、何らかの関係性を見いだすことができるのでは？

5 習慣を破ってみる

身についた習慣は、ときに創造性の発揮を邪魔します。計画通り、あるいはこれまでのやり方で進めようとすると、即興で面白いものが生まれるチャンスは少なくなります。自分のなかの小さな習慣を破ってみましょう。新たなつながりを発見したり、新しい視点を手に入れるきっかけになるでしょう。

6 自分にとって最適な環境をつくる

何かを生みだそうとするときに、音楽を聴きながらするのが好きな人もいれば、静けさを好む人もいます。自分にとって最適な環境が見つかるまで、いろいろ試してみましょう。

7 創造のための時間をとる

仕事や家庭での作業をしばし忘れて、何かクリエイティブなことをやってみましょう。「しなければならないこと」に追われる毎日のなかで、創造性を磨くための時間を割くのは非現実的だと思うかもしれません。しかし、たった五分間だけでも違いをつくることができるのです。

8 忍耐を持ち、あきらめない

創造はたやすいものではありません。たくさんの失敗から学びましょう。失敗は、何かを創りだす過程の一部です。

9 五感をとぎすます

情報を収集整理する際に自分の五感をはたらかせましょう。アイディアのかけらがお互いにぶつかりあって、くっついたり、新しい何かが生まれるチャンスが多くなります。

10 すでに知っていることも、ときには忘れてみる

初心を取り戻すこと。常識ではとてもできないと思えるようなことも、型にはまらない自由な発想でとらえてみれば、実際にやってみる気になることでしょう。初めて見るような新鮮な眼で、物事を眺めてみましょう。「ばかげた」質問をすることを恐れないでください。

37

「夢」を「現実」に変えるための習慣

TOP 10

自分が「こうありたい」と思う人生を本当に送りたいと思うのなら、ここに紹介するアイデアを、継続してやってみるといいでしょう。読むだけでは意味がありません！ 実際に、自分の人生に役立ててください。

1 臨機応変である

状況の変化をチャンスと捉え、新しいことに挑戦したり、新しいやり方を試しましょう。

2 自分自身の強みを把握する

ある分野や専門の知識に長けているなら、そのノウハウを必要としている人々がいつでもいます。どんどん広めましょう。

3 居心地のいい領域から外へでる

新たな所へむかってのびていき、無限でありましょう。世界が最上のものを与えてくれます。

4 生涯学び続けることを忘れない

学ぶことに対して全力をつくし、心から取り組みましょう。進みながら学び、必要があれば、状況に合わせて方向転換すればいいのです。その過程を通して、改変、修正、そして洗練していきましょう。

5 恐れを友にする

不安にかられて背をむけるかわりに、びくびくする気持ちに身をまかせましょう。行動すれば、気がかりは減ります。大勢の前で話すのが不安ならば、人前に立つことに慣れる練習をしましょう。恐れを感じつつも、とにかくやることです。

6 「今、ここ」にある

今、ここで起きていることに、意識を集中させましょう。集中力はポジティブなエネルギーの流れを高め、まわりの人々に対して、あなたをもっと魅力的にします。

7 できるということを信じ、そしてやる

ナポレオンの言葉に「思い、信じて、なしとげる」とあります。ゴールにむかって最初の小さな一歩を踏みだしましょう。自信がつくにつれて、次のステップはずっと簡単になり、不安も小さくなります。

8 意志を日誌につける

自分の意志を書き留めましょう。毎日朝晩それを繰り返し読むことで、潜在意識が影響を受け、意志は現実になるのです。意志が現実になると、自然に望むものが近づいてきます。

9 月に三つ以上、自分について肯定的に書き留める

例えば、「私は知識があり、価値ある人間です。すべてうまくいくはずです」。毎日読んでいるうちに、潜在意識のなかで、それらが現実と一体となります。

10 成功の見込みと可能性にかける

まずは夢の実現に必要な行動をとり、そして一歩下がって結果を待てば、おのずと自分に必要なものがやってきます。そうして手にした結果は、期待していたものとは違ったとしても、それと同じくらい、またはそれ以上にすばらしいものでしょう。

目標達成のために！はじめの一歩

TOP 10

達成できないほどたくさんの夢と目標をかかえている人に、ひとつひとつの目標を達成していくための行動と成功を生みだすヒントを紹介します。簡単なようでいて、意外にできていないこれらのアイデアを日々実践していくことが、成功への何よりの早道なのです。

1 20分を有効に

毎朝20分時間をとり、何がほしいのか、なぜほしいのかを書きだします。この単純作業に時間を使えば使うほど成功が確実です！

2 信頼できる人に伝える

自分の成功を気にかけ、サポートをしてくれる人に伝えます。廻りにいなければ、コーチをつけましょう。

3 期日を決める

明確な期日は、やるべきことへの集中力、モチベーション、コミットメントを高めます。

4 捨てる

決めた期日までに達成しなかったら、その目標を捨てることを、自分と約束しましょう。期日を決めることで目標はよりリアルなものになり、また、達成できないときはきっぱり捨てることで、そのぶんのエネルギーを有効に他に使えます。

5 断言する！

断言は効果があります！　視点がシフトでき、可能性を広げます。とても口にはだせないと思いがちなものを断言してみましょう。

6 経過をたどる

毎日か毎週、ゴールに向けてのあらゆる行動を見なおしましょう。うまくいっていること、うまくいっていないこと、やり残していることを知る、失敗のない方法です。

7 毎日行動する

ゴールにつながる行動（どんなに大きくても、小さくてもかまいません）を、成功するまで毎日起こします。

8 トライ、トライ、トライ…

アイディア、直感、もしかしたら、をすべて試してみます。何もないところからは何も得られないのです。

9 自分を許す

許すことにはパワーがあります！ 失敗すること、休憩をとること、成功しすぎることなどに対して自分を許しましょう。許すことはあなたを自由にし、エネルギーを生みだし、激励し、能力を与えます。

10 コーチを雇う

コーチの存在は、まさしくあなたのゴールのためです！

39

新しい自分をつくるちょっとしたヒント

TOP 10

変わることは簡単ではありません。新しい習慣を身につける、あるいは古い習慣を改善するための決意はそれ自体がチャレンジです。新たな変化を起こすことを習慣にしてみましょう。このリストは自分を向上させるためのステップを集めたものです。

1 自分の内なる不平・不満に正直になる

気持ちが落ち着かないのは、あらゆることに変化が必要な時期にきていることを告げているのです。

2 必要な変化を明確にする

状況を改善するためには、何が必要で、何をするべきか、はっきりさせましょう。

3 満足するのを遅らせる

自分の内なる知恵に耳を傾け、必要な答えをだすために、満足するのは少し待ちましょう。

4 計画を立てる

自分自身をゴールに駆りたてる行動計画を立てましょう。

5 行動を起こす

行動計画が定まったら、変化を起こすことが大切です。

6 ルーティンを見なおす

ルーティンワークをいったんやめることで、それが機能しているか評価しましょう。もし十分に機能していないのであれば、必要な修正を加えます。

7 柔軟性を持つ

ゴールへの道に沿って、小さなシフト（近道）をたくさんつくります。ゴールを達成できるかどうかは、柔軟性が大きな要素となってきます。

8 小さなことでも承認する

小さくても、自分をゴールに導いてくれるような変化については、それを承認しましょう。

9 最後まであきらめない

今やっていることを、何ひとつたりともあきらめないことです。あともう少しのところまで来ています。

10 よくやった！とお祝いをする

あなたは新たなゴールを達成し、そして、さらにこの先、最高の自分になっていくための支えとなる習慣を、新たに生みだしたのです。

40

人生で「選べる」こと

TOP 10

人生において、自分でコントロールすべきことは、ほんのわずかでしかありません。しかし、その「わずか」が何であるかを理解し、それを自分できちんとコントロールしているか否かで、あなたの人生の充実度は大きく変わってきます。

1 何をすべきか

行動は自分自身のものです。やるかやらないかを決めるのは、自分。結果に対する責任も自分自身にあります。

2 何を話すか

話す（書く）言葉も、同様に自分が意識して選ぶものです。これらも、自分やまわりの人生に影響を与えます。

3 何を考えるか

コントロールできない無意識の部分はあっても、「考えること」「信じていること」「理想とすること」などは、自分で選び、受け入れるものです。

4 仕事

仕事のことで愚痴や不満を言う人が多いのは、「自分が今の仕事をしているのは、学歴や経験がないからだ」という意識があるからです。これは実は、自分が仕事を選択した責任を否定しているだけのことなのです。辞めないでいることも、自分が選んだことです。

5 つきあう人々

「飛べない七面鳥に囲まれていると、鷲のように空を飛ぶことは難しい」という有名な言葉があります。周囲の人間や環境しだいで、空を飛ぶこともあれば、地を這うこともある。誰とつきあうかも、自分が決めることです。

6 身体の健康

生まれつき、環境、経験による部分も大きいですが、食事、運動、医薬品、睡眠、健康チェックなどは、自分が選んだものです。

7 過ごしている環境

家、住んでいる町、手近な娯楽施設なども、自分が選んだものです。他の項目よりも選べる自由度は低いものの、今の状態がいやなら引っ越すことも可能なのです。

8 経済状態

お金が貯まっているかどうかは、自分が得たものと、使ったものの差額に過ぎません。

9 時間

時間をどう使うか、何をどれだけするかは、自分が選んだことです。どう使っても、一日は24時間しかありません。

10 遺すもの

生きている間に周囲の人とわかちあった行動、言葉、知恵が、亡くなった後の遺産になります。

41

「本当にやりたいこと」を見つける方法

TOP 10

就職活動や転職を考えるとき、誰もがつきあたる壁が、「自分は何をしたいのか」という大きな問いかけです。完璧な答えはありません。ただ、少し立ち止まって、現時点での自分自身を見つめなおしましょう。今自分がとるべき、最善の道が見えてくるはずです。

1 生活のための時間、本当にやりたいことのための時間をそれぞれとる

本当にやりたいことをするときにも、毎日の勤めをやめないようにします。

2 まわりの意見を聞く

自分を知っている人に、自分がどんな仕事やキャリアを目指しているように見えるか聞いてみましょう。結果を評価したり批判したりせず、純粋に調査として受けとめ、それらに共通するポイントを見つけます。

3 自分自身に思いをめぐらす

通勤途中や散歩などの間に、一人でじっくり考えられる「創造的な時間」をもち、自分が五～九歳のころ、どんな人間だったかに思いをめぐらせましょう。そのころの自分が本当の自分です。何をしたかという行動ではなく、どんなふうだったかという内面に焦点を当てましょう。

4 自分のキャリアに大切なものは何か

何も思いつかなくなるまで考え続けます。そこでででてきたものが、自分にとって価値があるものです。次は、「その価値を大切にしながらやっていける仕事は何か」を考えましょう。

5 チャンスを見落としていないか

さらに、本当に自分の才能を発揮できる仕事は他にはないか、自分の才能を過小に考えてはいないか、ということも考えてみましょう。

6 「うまくいっている自分」を想像する

自分が情熱を持って生きている状態を、五感を駆使して想像し、そこでの自分の感じ方を行動で表現してみます。それが感じられるまで、情熱を持って生きているふりをしてみるのもいいでしょう。

7 時間を忘れるほど何かに没頭した経験はあるか

そのとき誰と一緒でしたか。これを考えると、自分の才能がどこにあるか、その才能が誰のためになるかを見つけることに役立ちます。

8 求めている結果のイメージを頭のなかで作りあげる

そして、そこから今の自分にさかのぼりましょう。夢を実現するためのアクションプランが組み立てられていきます。

9 新たに見つけた夢の実現にむけ、計画を組み立てる

今いる場所は、次に進むために必要なステップと納得することが重要です。現在の場所に抵抗があると、マイナスの力を生み、積み重なると大きな負担になります。

10 時間とお金の面で、厳しい状況に自分を追いこむ

大成功した人々は、あなたの夢は実現できないと語る宇宙の秩序ですら、ものともしないではね返してきた人々です。

42

転職・キャリアアップの不安をのりこえる TOP 10

自分のキャリアプランに考えをめぐらし、ときには転職を検討するとき、私たちはどうしても不安に陥りがちです。大切なのは、自分の状況を把握し、信頼できる相談相手を見つけ、具体的なビジョンをつくっていくこと。あとは、行動あるのみ！

1 ビジョンを持っていれば、転職は怖くない

何をしたいかが明確にわかっていると、転職などの機会が訪れたときに正しい選択を行うことができます。ビジョンを書きだしておき、常に確認できるようにしましょう。

2 そのビジョンが実現できると信じる

様々な感情が妨げになります。何かが障害になっているとわかったら、ただちにそれに対処しましょう。

3 望むものは望みどおりに手に入る

これまでに実現してきたことを振り返ってみてください。

4 一人ぼっちでいると夢はしぼむ

手助けがあると、やりやすくなります。

5 手助けはあらゆる場所にある

本、専門学校、友人、コーチ、トレーニングカセット、ワークショップ、コンサルタント、職場の同僚など…

6 自分の状況をよく認識する

自分の才能、興味の対象、好み、価値、ニーズ、欲求などについて、どれだけわかっていますか。これらはキャリアを進めるうえで重要な要素となります。

7 過大な犠牲を払う必要はない

これまで、自分が自分自身の人生を築いてきたのです。望むものを得るために過大な犠牲を払う必要はありません。必要な努力をやる意思さえあればよいのです。

8 経済的な基盤が重要

お金のことで悩む必要がなければ、転職先の検討が容易になります。やりたい仕事を選ぶことで報酬が下がるとしても、不適当な仕事を続けることのほうが長期的なマイナスは大きくなります。

9 自分のペースで進めてよい

ゆっくり進むことを望むのであれば、そのペースで進めればよいでしょう。

10 行動を起こさないと不安になることも

正しい方向に足を踏みだしてみましょう。…どうですか？ 違いを感じますか？

43

壁にぶつかったときの考え方

TOP 10

仕事や人生に行きづまって、自分が足踏み状態になっていると感じられることはありませんか？　そんなときは、自分の仕事やあり方を見つめなおすチャンスです。あなたは階段の踊り場にいるだけ。体勢を立てなおして、さらに上の階に進んでいきましょう。

1 自分の嘘に気づく

人生が思うようにいっていないのなら、どこかで嘘をついている自分に気づきなさい。

2 自分の現在地点を知る

どこにむかってよいのかわからないのなら、それは自分の現在地点を認識していないのでしょう。

3 ためらいを指標とする

今ためらっていることは、次にやるべきことの指標となります。

4 失敗をステップにする

成功を勝ち得るには、負けることを良しとすることです。

5 幸せにしばられない

幸せでなければいけないと思うと、一生不幸せでしょう。

6 理由よりも結果を

人生には、理由か結果の二つしかありません。その際、理由は重要ではないのです。

7 見方を変える

物事はどう見えるかではなく、あるがままが大切です。

8 相手を変えようとしない

相手に変わるよう求めることは、その人に嘘をつくよう求めていることです。

9 あきらめていることを見なおす

なんとなくあきらめていることは、すべて必ず手に入ります。

10 自分を頼りにする

結局、自分自身を動かせるのは自分だけなのです。

Tips for
明日をつくる
Tomorrow

44

「正直であること」のススメ

TOP 10

私たちはとかく見栄やプライドをかかえ、自分を守るための壁をつくってしまいがちです。しかし、そんな社会だからこそ、「正直さ」がときに最強のコミュニケーション・ツールとなることを覚えておきましょう。

1 正直であることは、本当の自分であること

正直さは、自分自身と自分の本当の気持ちを反映します。本当に自分を理解してもらいたいのなら、ただ正直でいましょう。

2 正直であることは、勇気の表れ

正直な気持ちを伝えるのには、相当な勇気が必要です。それは簡単ではなく、練習と忍耐が必要です。

3 正直であることは、関心を持っていることの表れ

自分と他人に正直であることは、あなたがどれだけ関心を持っているかを表しています。 あなたの思いやりに溢れた態度に触れたとき、人は立ちどまり、考えさせられるでしょう。

4 正直さは、愛情の輪を広げてゆく

正直さは、さらなる正直さを生む見本となります。このエネルギーが心に触れたとき、継続的で愛情に満ちた人間関係が生まれます。

5 正直さは、成熟している証拠

正直であることは、傷ついたり痛みを伴うこともあります。成熟した人間はそれらへの備えがあり、それをのりこえていくことができます。

6 正直さは、人間関係を育む

正直であることは、他人をぐっと惹きつけます。辛いことにともに立ちむかうようなとき、それは深い人間関係を生みます。

7 正直であると、気分が高揚する

本当の自分自身、自分の感情を口にだすことは何ともいえない快感です。特にそれが相手によく伝わったときは。

8 正直であることは、つまらない考えを取り去る

本心を隠したり、伝えたいことを引っこめたりすることは、感情的なしこりとなります。正直でいれば、つまらない考えは取り払われ、さわやかな気分でいられます。

9 正直さは、正直さを惹きつける

正直であることは、本当に重要なことです。それをきちんと実践すれば、同じく正直な人たちを、あなたの人生に容易に惹きつけるでしょう。

10 正直さは、トラブルから守ってくれる

嘘や偽りが、どれほど深く自分を閉じこめてしまうことか。そのようなことはやめましょう！　正直であることで、すっきりした状態からスタートしましょう。

45

「深刻になること」は罪である

TOP 10

生きていると、ときに私たちは深刻になってしまいます。しかし、重くなりすぎてはいけません。深刻になると、こんなデメリットがあるからです。

1 **笑い飛ばすことを楽しめなくなってしまう**

2 **エネルギーを消耗してしまう**

3 **楽しいこと（笑い）を逃してしまう**

4 **まわりの人を恐れさせてしまう**

5 **自分自身も他の人もつまらなくしてしまう**

6 **重苦しい――動きづらくなってしまう**

7 **学ぶことが難しくなってしまう**

8 **ミスや失敗からの立ち直りに時間がかかってしまう**

9 **自分の一番いいところに感謝しそこなってしまう**

10 **自分自身を制限してしまう**

46

何かが起こる！変化の前ぶれ

TOP 10

直感の多くは、何かの兆候です。最初はかすかな気配ですが、放っておくと次第にやかましくなってきます。以下のような直感が言おうとしていることに注意深く耳を傾ければ、それが重大な警告に育つ前に対処できるかもしれません。

1 **体のどこかが「変な感じ」がする**

2 **うっかり「怪我をする」**

3 **「奇妙な偶然」に気づく**

4 **モノが「壊れる」**

5 **「うんざりだ！」「もう我慢できない」と口にする**

6 **どんなにがんばっても、「失敗」が続く**

7 **ものが「なくなる」**

8 **夢に「くり返し」でてくるテーマがある**

9 **特定の「イメージや言葉」が気になってしかたない**

10 **なにか「不安」だが、なぜだか説明できない**

大きな決断をするときのチェックリスト TOP 10

海外への移住や起業など、人生が根本から変わるような重大な節目は誰にも訪れます。ここでは、決断を下し、思いきって取り組むのに役立つヒントを紹介します。

1 起こり得る最悪の事態は？

何ひとつうまくいかなかったらどうなるかについて、できるだけ現実的かつ具体的に考えます。それでも、覚悟はできていますか？

2 誰に影響を与える？

家族、仕事仲間、子供、従業員…。具体的にリストアップしてみましょう。

3 何を用意しておけば、安心してゴーサインがだせる？

蓄え、保障…。

4 実行する前に何をしておくべき？

何を準備し、誰に知らせるかを考えます。やり残しはありませんか？

5 誰が、どんな方法で助けてくれそう？

仕事の面だけでなく、パートナー、家族、友人、仕事仲間など、生活の支えとなる人も探しておきます。

6 「やらなかったこと」の代償は？

すぐにあきらめがついてこれまで通りの人生を歩めるか、やらなかったことをいつまでも悔やみ続けるか。「変えること」だけでなく、「変えないこと」のコストとリスクを考えるのも大切です。

7 どんな方法で成功させる？

やると決めたと仮定し、成功させるための方法を考えます。できるできないではなく、方法を問うことにより構想が広がります。

8 実行するにはどの程度の時間がかかる？

どんな段階をふみ、各段階にどの程度の時間を費やせるかを大まかに想定しておくと役立ちます。頭のなかでシミュレーションしてみましょう。

9 怖くなったらどうする？

前向きの方向転換であっても、たいていは何かを失う怖れがつきまといます。 心の準備をしておきましょう。くじけそうなときに支えてくれる人、励まし、やる気を起こさせてくれる人は誰ですか？

10 成功したときのお祝いは？

方向転換の途中で何かをやり遂げたときにお祝いする方法を見つけておきます。これが成功にむけてのエネルギー源になります。

48

人生はガーデニング！

TOP 10

人生の根を強くし、美しい花をいっぱい咲かせるために、ガーデニングの法則を自分の生き方に取り入れてみましょう。

1 植物の成長には、太陽、水、栄養が必要である

私たちが成長し成功するためには、衣食住、運動、コミュニティが必要です。

2 健康な植物は、ある程度の病気や害虫に耐えられる

時間やお金、スペース、エネルギー、愛の貯えがあれば、ちょっとつまづいても私たちは耐えられます。

3 土着の植物は、外来種よりもすくすく育つ

自分の源にあるスキルや才能をのばしましょう。

4 すべての植物が同じ程度の太陽、水、栄養を欲するわけではない

他人とむやみに比較するのをやめ、自分がやれることをやりましょう。

5 肥料や虫が植物の成長に役立つこともある

さまざまな経験や出来事が、一番の教訓となります。

6 庭は決して同じではない

庭が常に変化し、進化し、順応しているように、私たちも、一生学び、変化し続ける必要があります。

7 植物には休眠期がある

植物が、次の成長にむかってエネルギーを補給するように、私たちもさらなる成長のために、休んだり、エネルギーを貯える必要があります。

8 植物はお互いに助けあったり、枯らしあったりする

隣近所は、あなたを助けることもあれば痛みつけることもあります。つきあう相手に注意しましょう。

9 小さな雑草は、根の深い大きな雑草にくらべて簡単に抜ける

「毎日の草とり」を実践しましょう。例えば、すぐ散らかしてしまう人なら、毎日15分間片づけをするなど。「雑草」が生えやすい部分に、毎日少しずつ時間を割きましょう。

10 育ちすぎた野菜はたいてい大味

大きいほどよいとはかぎらず、またほしいものや必要なものもたくさんあればいいわけではありません。自分にとっての適量を知りましょう。

「今」を楽しむ法則

TOP 10

「今」を楽しみましょう！　過ぎさった過去にとらわれたり、まだ見ない明日のことで頭をいっぱいにするのはもうやめにして、目の前にいる人や状況について、心ゆくまで味わうのです。

1 使う言葉を未来形から現在形に変える

「六月には二キロやせる」から「私は健康的な栄養補給の習慣を選ぶ」に変えましょう。現在形のゴール、ビジョンおよび信念について口にすると、それは即座に実現可能となるパワーを与えます。

2 心を現在に緩やかにむけなおす

「今」に存在するということは、ゆるやかなプロセスです。無理強いすること、罰すること、自己嫌悪に陥ることは、あなたからパワーを奪います。

3 喜びとともに暮らす

もしあなたが「今」に満足していれば、幻想を追う必要はなくなります。

4 感覚のすべてを解放し、その瞬間を体験する

あなたのもっとも深いレベルでは、どのようにこの瞬間を見て、聞いて、感じて、匂いをかいで、味わい、認識していますか。これらについて考えることは、あなたを「今」の時点に引き戻します。

5 時間を無駄に過ごすことはない、ということを知る

それは時間を費やしただけのことです。

6 季節を感じ、時間の経過を祝う

たまには、太陽の出ている時間にオフィスや家の外に出てみましょう。草木の色や空気の肌ざわりを、五感をフルに使って吸収します。

7 気持ちを過去の後悔や未来の不安よりも、現在の行動にむける

目の前の人や出来事をみているようでいて、気持ちは過去や未来に飛んでいるようなことがないように。「今」の自分の行動に集中することで、悩みや問題点の多くは解決できます。

8 不安を適切に使う

不安（恐れ）は生き残るためのツールです。頭のなかで思考の妨害に使うべきではありません！　他の感情に余裕をもたせましょう。

9 全体像を見る

しばしば私たちは日々の詳細に追われて、先々の展望は歪曲されます。一歩下がって、さらに三歩下がりましょう。あなたの心の中で受けとれるまで絵を広げてみましょう。

10 深呼吸をする

どうです？　気持ちが「今」に戻ってきましたか？

50

新たなスタートを切るベストタイミング！

TOP 10

人間は誰でも、やるべきことを先延ばしにしようとするものです。明日になったら…、今度天気が変わったら…、来年になったら…。実際には、新たなスタートを切るのによいタイミングはいくらでもあります。

1 年の初め

一年の計を決めた勢いに乗って。

2 誕生日

あなた自身の一年のスタートです。

3 状態が最悪のとき

もう上に上がるしかありませんよ！

4 年度の初め

新しい年度や学年のはじまり。新しいアイディアで、新しいプロジェクトを！

5 春分の日

新しい生命の芽ばえ、新しいアイディアも…。

6 今日

あなたのこれからの人生のはじまりの日。

7 何かが終わったとき

さあ、新しいことをはじめましょう。

8 新月の日

月はだんだん大きくなります。あなたがはじめることも、どんどん大きく。

9 間違いに気づいたとき

今度はしっかりやりましょう。

10 そして、今、このときに!!

今はじめないで、いつはじめるというのでしょう？　あとは、はじめることを「決める」だけです！

ポータブル・コーチ

発行日／2002年7月25日　第1刷
2002年8月15日　第3刷
COMPILED／トマス・レナード
TRANSLATED／株式会社コーチ・トゥエンティワン

PUBLICATION／株式会社ディスカヴァー・トゥエンティワン
〒102-0082　東京都千代田区一番町13-3
電話　03-3237-8991（編集）　03-3237-8345（営業）
FAX　03-3237-8323　　http://www.d21.co.jp

PUBLISHER／干場弓子

PROMOTION GROUP
DIRECTOR／小田孝文、中澤泰宏
STAFF／片平美恵子、井筒浩、千葉潤子、芳澤岳史
ASSISTANT STAFF／俵敬子、長土居園子、町田加奈子、丸山香織、
小林里美、冨田久美子、大高徳子
TELEPHONE ANGEL／藤井多穂子、矢田貝英里、片瀬真由美、
藤井かおり、秋元智、立澤素子、栗原万里亜
CLERK／畑山祐子、岸由紀子

OPERATION GROUP
STAFF／吉澤道子
ASSISTANT STAFF／竹内恵子、縫部由美、玉造郁子、望月緑、大石文英、
田爪陽子、浜田伸恵、上形学而、山田真利、熊谷芳美

EDITOR／千葉正幸

PRINTING／株式会社 厚徳社

 ISBN4-88759-206-X

この本をお読みになってのご感想や今後の出版へのリクエストなど、お気軽に
編集部・千葉までメールでお寄せください。アドレスはmas@d21.co.jpです。
お待ちしております。

ディスカヴァーのビジネス書

＊表示の価格はすべて本体価格で、これに消費税が加算されます。
＊書店にない場合は小社まで電話またはEメールでお問い合わせください。
03-3237-8321（代表）／info@d21.co.jp

＊組織を救うモティベイター・マネジメント

A・ブルース&J・S・ペピトン著／1400円／四六判上製

メリルリンチ、サウスウェスト航空など、世界的優良企業を顧客とするベテランコンサルタントが社員のモティベーションを高め、潜在能力を引き出す方法を解説する、リーダーのための教科書。

＊コーチング・マネジメント

伊藤守著／2000円／四六判上製

日本にコーチングを初めて導入した著者による、コーチングのすべてがわかる本です。基礎から最新の理論と実践までをわかりやすく解説した、〝コーチングのバイブル〟。

＊元気をつくる「吉本流」コーチング

大谷由里子著／1200円／四六判並製

「コーチング」ってなんやねん！　超優良企業・吉本興業の元気のヒミツはここにあった?!
横山やすしに信頼された〝伝説のマネージャー〟が贈る、コーチングのススメ。